Ficha Técnica

[Título]
Globalização - Último Estádio do Capitalismo

[Autor]
Eugénio Ciotta Neves

[Design]
Helena Fonseca

[ISBN]
978-1530794164

Nova Edição 2018

[Todos os direitos desta edição reservador por]
K Editora
Lisboa

**Todas as publicações da K EDITORA
podem ser adquiridas através da AMAZON
(www.amazon.com / www.amazon.co.uk)**

EUGÉNIO CIOTTA NEVES

GLOBALIZAÇÃO
ÚLTIMO ESTÁDIO DO CAPITALISMO

Nova Edição 2018

K Editora - 2018

ÍNDICE

Prefácio

O presente livro é o fruto, minimamente adaptado mas de maneira nenhuma empobrecido ou tornado anódino para o público em geral, do trabalho de investigação académica de Eugénio Ciotta Neves que culminou na brilhante defesa da dissertação de *Mestrado em Lusofonia: Economia, Políticas e Culturas*, "Dissertação" de Mestrado que, pela sua qualidade, legitimamente poderia configurar uma "Tese" de Doutoramento.

Admirador confesso da obra de Mário Moutinho, *Pobres e Ricos, A "Globalização Contemporânea" último Estádio do Capitalismo?* (Edições Colibri, 2011), Eugénio Ciotta Neves remete no presente livro para algumas das questões fundamentais que o criador da primeira licenciatura portuguesa em Ciência Política, Fernando dos Santos Neves, colocou no prefácio que escreveu para a referida obra. Questões consubstanciadas na sequência dos títulos históricos que principiam com "*O Imperialismo (Colonialismo), último estádio do Capitalismo*" (Lénine) e passam por "*O Neocolonialismo, último estádio do Imperialismo*" (Nkrumah), por "*Desenvolvimentismo, Cooperacionismo e até Democratismo, últimos estádios do Neocolonialismo*" (múltiplos autores), para desaguarem em "*A Globalização Contemporânea, último estádio do Capitalismo*", fórmula que terá sido pela primeira vez utilizada por Fernando dos Santos Neves e que, obviamente, remete para Marx o qual, antes de Lénine, procurou fazer a "*Crítica da Economia Política*", sendo esse, precisamente e não obstante a ignorância ou o esquecimento de quase todos, o subtítulo do seu Opus Maximum "*O Capital*"...

Assim, é sob a influência de tão prestigiados autores que Eugénio Ciotta Neves nos presenteia com este livro, simultâneamente sério e empenhado.

Oficialmente cidadão português, italiano e brasileiro, sem nunca deixar de ser cidadão prospetivo de um mundo global, mundo onde a liberdade, a igualdade e a fraternidade ainda estão por cumprir, o jovem licenciado em Sociologia e mestre em Ciência Política e Relações Internacionais Eugénio Ciotta Neves deixa-nos, com o presente livro, um alerta mas também uma esperança de que a "globalização contemporânea" não seja apenas o "último estádio de um capitalismo anti-humano".

Angela Montalvão Machado

Diretora da primeira Licenciatura portuguesa em Ciência Política

Capítulo 1
Que é a globalização?

As definições de "globalização" são fruto de um meio geográfico e cultural de quem as faz, pois devemos sempre ter em conta que a globalização não é igual para todos.

Várias vozes se ergueram para definir o *statu-quo* político-económico e social, no sentido de iluminarem de novo a " nossa" sociedade civil para o neo-mundo que se criou na pós-modernidade.

A tentativa de criar um consenso relativo ao mundo que nos rodeia é algo que pertence ao ser humano desde sempre: não foram só os gregos e os romanos que tentaram legitimar uma ordem de dominação cultural-política e económica para o seu mundo.

O processo de globalização é um *"processo complexo que atravessa as mais diversas áreas da vida social, da globalização dos sistemas produtivos e financeiros à revolução nas tecnologias e práticas de informação comunicacional, da erosão do Estado nacional até à redescoberta da sociedade civil ao aumento exponencial das desigualdades sociais, das grandes movimentações transfronteiriças de pessoas como emigrantes, turistas ou refugiados ao protagonismo das empresas multinacionais e das instituições financeiras multilaterais, das novas práticas culturais e identitárias aos estilos de consumo globalizado"* (Boaventura, 2001, 33).

Esta globalização afeta, de modo transversal, a constituição orgânica da sociedade moderna, conferindo-lhe um carácter novo e paradoxal. As formas de produzir os bens materiais e de consumo alimentar mudaram devido a uma maior procura e a uma deslocalização dos meios de produção.

Vejamos o caso das construtoras de veículos como a Wolkswagen, e outras do pólo europeu, que nas últimas décadas fecharam fábricas na Europa, para deslocalizarem a sua produção para países ditos sub-desenvolvidos. Esta ação intencional por parte destes gigantes industriais europeus foi devida, em parte, a uma vontade de maximizar os lucros de forma exponencial e encontrar mão-de-obra mais barata, custos de produção que permitam um lucro sempre maior.

O centro industrial europeu e, consequentemente, o tecido social europeu sofreram nas últimas décadas perdas quantificáveis em termos de indicadores sociais, como o rendimento *per capita*, natalidade infantil, esperança de vida, coesão familiar e social.

Estes indicadores que representavam um país de primeiro mundo são desvirtuados pela mesma lógica que, em primeira instância, deu lugar a estes oásis de luxúria capitalista.

Quando analisamos esta possível definição de globalização de Boaventura, entendemos que o conceito europeu geográfico de poder político e civilizacional já não existe na sua concepção imperialista colonial. Nesta perspetiva, o império inglês foi o último centro de poder a efetivar uma dominação do mundo, baseada num centro-estado-nação de poder.

Esta noção formal de império, que analisaremos posteriormente, é pertinente, pois, se a deslocalização, a flexibilização e massificação do consumo em termos globais são, de facto, apanágio de um novo mundo global e de uma nova definição do mundo, então um novo império ou uma nova realidade-paradigmático-mundial surge, na verdade, nestas últimas décadas e está ainda por decifrar na sua totalidade. Por isso mesmo, devemos refletir sobre as várias definições de globalização e entender quais as causas das mesmas. Perceber o mundo que nos rodeia é imperativo, pois só assim seremos cidadãos modernos da pós-modernidade.

Estudar a globalização como uma nova realidade, ou fruto de várias realidades, é imperativo para as novas gerações de habitantes do planeta Terra. A importância de uma definição da realidade envolvente aos indivíduos sempre foi fulcral para uma sobrevivência dos mesmos.

Na verdade, se queremos sobreviver enquanto espécie, devemos entender qual o resultado das nossas ações.

A percepção metafísica do mundo que recorre a um entendimento transcendental da realidade foi usada e abusada durante quase toda a história humana, desde os tempos do império romano até aos impérios coloniais europeus. A ideia de que Deus, figura invisível, ainda que omnipresente e omnipotente, estaria a controlar os fluxos de inteligibilidade humana era aceite e pouco questionada.

A Europa viveu no obscurantismo grande parte do tempo. Até ao início da modernidade, no século XVIII, o indivíduo e as sociedades ditas medievais viviam com um esquema cultural baseado num ser supremo metafísico que, através da interpretação dominante dos membros autoproclamados da igreja, interpretavam as mensagens da divindade.

Para apoiar esta estrutura de reprodução cultural estavam os soldados, a nobreza feudal que protegia as suas terras e dava guarida a esta classe de interpretadores das mensagens divinas, porque, curiosamente, estas mensagens metafísicas defendiam o *statu quo,* ou seja, a posse da terra pela minoria feudal em detrimento da maioria camponesa que vivia em escravidão.

Esta perspetiva de entendimento da realidade atual como resultado da problematização do conceito de globalização é, de facto, o cerne deste livro, em que tentamos definir o que é e o que simboliza esta palavra para o homem, vendo, consequentemente, a cultura que está por detrás deste significante.

Para continuarmos na senda da modernidade e da inteligibilidade cientific, devemos definir qual é a nova ordem mundial que nos rodeia com um moderno espírito cientifico, recusando desde já as obscurantes ideologias metafísicas que inquinaram demasiado tempo a humanidade.

A nova ordem mundial ou a globalização é, de facto, o grande desafio deste livro: entender os seus contornos conceptuais e decifrar de modo inteligível esta alter-realidade. Para Antonio Negri, *"a problemática do império é determinada, em primeiro lugar, por um facto simples: é aí que está a ordem do mundo. Essa ordem exprime-se como uma forma jurídica. A nossa tarefa inicial será, portanto, apreender a constituição da ordem atualmente em formação. Mas deveremos excluir, à partida, duas concepções comuns desta ordem, situadas embora nos extremos opostos do espetro: a primeira é a ideia segundo a qual a ordem presente nasce de certo modo espontaneamente da interação de forças mundiais radicalmente heterogéneas, como se a essa ordem correspondesse um concerto harmoniosamente orquestrado às escondidas pela mão natural e neutra do mercado mundial; a segunda é a ideia segundo a qual a ordem é ditada por uma só potência e um centro único de racionalidade.*" (Negri, 2007, 44)

O carácter imperativo de tentar uma inteligibilidade da ordem mundial está bem patente nos escritos deste sociólogo e politólogo.

O mundo atual do século XXI é fruto de um acumular de capital económico, social, demográfico, político, cientifico e cultural. A questão coloca-se no sentido de encontrar um fator explicativo do statu quo – o que faz movimentar as rodas da História?

Os avanços científicos do século XVI com Descartes a problematizar a questão da própria produção do conhecimento, inventando ou reinventando o método científico, levaram-nos mais perto da inteligibilidade do mundo. A dúvida cartesiana implica ter e construir um outro modo de representar o mundo físico e, consequentemente, o inteligível simbólico. Esta foi a ruptura que abriu espaço a uma Revolução das Luzes, séculos mais tarde no centro da Europa.

A Revolução Francesa foi uma luz no panorama europeu e mundial, no sentido em que estabeleceu novos paradigmas de produção de conhecimento ao formalizar o método cientifico como a base de uma sociedade moderna ou pré-moderna contemporânea.

Em termos políticos estabeleceu um novo modo de ver e de construir o estado-nação, impondo a vontade maioritária de uma população, em detrimento de uma minoria que governava sob o pretexto metafísico da legitimidade da posse das terras.

O estado de direito, a soberania, o carácter secular de uma nação são proclamados numa época que deixa saudades pela esperança e otimismo da espécie humana.

Ainda que, passados alguns anos depois da revolução total, as condições e estruturas sociopolíticas tivessem tido um retrocesso para formas de poder arbitrário e um recuo da soberania maioritária conquistada, esta época constituiu – e constitui ainda – um marco para toda a sociedade europeia e mundial, visto que as colónias já estavam interligadas com o centro europeu do império de dominação cultural, territorial e militar que alguns países da Europa impunham ao mundo.

Esta ordem global, que se afigurou moderna ou contemporânea, dando lugar aos estados-nações que hoje perduram na Europa, impôs certos ideais e modelos de desenvolvimento económico, nomeadamente o liberalismo político e económico, que dominaram alguns blocos de poder europeus e marcaram os padrões culturais, políticos e éticos destas nações.

1.1 A ordem imperial

Quando Toni Negri (2007) afirma que conhecer o império é conhecer a ordem global, di-lo com o intuito de demonstrar uma relação de causa-efeito entre a história moderna e contemporânea e o estado atual. O sociólogo questiona-se sobre a origem do império constituído por estados-nações, estados esses que são modernos e obedecem a certos padrões de desenvolvimento político, social, ético e económico, como filhos da Revolução Francesa. Além disso, questiona-se sobre o carácter colonial do mundo que, apesar de ser moderno, continua a estar ligado a formas de exploração do homem pelo homem, como é o caso da escravatura, condenável pelos atuais cânones éticos e morais.

Estes impérios centrados na Europa colonizaram o mundo desde o continente africano até ao asiático, passando pela América Latina, estendendo-se ao mundo inteiro. Estas forças de ocupação ou de cristianização transformaram o tecido social destes continentes, exportando ideias e modos de viver para povos que não entendiam a linguagem do colonizador. Na verdade, os instrumentos conceptuais imperativos para que, de facto, existisse uma interação significante ou igualitária entre os povos nativos não existia.

O genocídio foi a consequência lógica e perversa destas interações simbólicas e militares. Um território foi ocupado militar, cultural e economicamente, pois o grande impulsionador destas epopeias ocidentais foi, efetivamente, a busca de matérias primas gratuitas, de mão-de-obra, não barata, mas simplesmente grátis.

Violência e genocídio foram as impressões que o "Papa Negro", Bartolomeo de las Casas (2004) descreveu nos seus relatos de uma missão evangelizadora no novo mundo em que participou.

Os relatos na primeira pessoa constituem um documento etnográfico do horror: o missionário fala de execuções sumárias sem qualquer critério militar e de um desrespeito pelos povos indígenas. As violações e mortes violentas são recorrentes no seu discurso, no entanto a descrição dos famosos lebreus tocou-nos mais na nossa identidade humana. Estes lebreus seriam cães trazidos pelos colonizadores que, alegadamente, comeriam os índios ou nativos, de modo violento e bárbaro.

A violação de todos os direitos humanos, acordados por nós cidadãos modernos, por parte dos colonizadores parece ser posta em perspetiva por muitos historiadores que, condenando estas matanças, tendem a impor uma compreensão histórica desta barbárie. É nossa convicção que estes atos tão atentatórios para a vida humana estão perigosamente a ser imitados em grandes extensões da nossa terra atualmente.

A imposição de medidas, por parte de nações ou grupos de países, que resultem na morte de seres humanos são, na nossa perspetiva, atos de homicídio e terrorismo de Estado. Com certeza que o genocídio dos descobridores ou invasores do novo mundo se reveste de outras formas, no entanto as barbaridades e violações que hoje se cometem contra os povos do mundo constituem igual motivo de indignação.

A injustiça social e a agressão contra grandes camadas da população mundial é um facto característico deste processo de globalização.

Do outro lado do mundo estava uma Revolução Industrial em marcha, que pedia, de modo voraz, matérias-primas de todo o tipo. A máquina do progresso era imparável. A acumulação capitalista inicial, que se deu nos séculos XVII e XVIII, foi, de facto, o pilar de todo o império europeu que se estende até hoje.

A expansão do império coincidiu com a apropriação das potências colonizadoras dos territórios mundiais. A divisão do mundo em espaços feudo-coloniais deu um impulso à ânsia capitalista de expandir os mercados e escoar os seus produtos. A urgência do sistema capitalista em edificar um mercado global foi favorecida, numa primeira instância, pelo domínio imperial das nações europeias. No entanto, a noção de colónias implica uma desterritorialização do mundo e, paradoxalmente, uma neoterritorialização do mesmo.

A soberania democrática transfigura-se e alarga-se, mas mantém-se como cultura dominante. Para os capitalistas, este estado de coisas, em última análise, é insuficiente, porque o grande intuito final é o de ter um mercado aberto, global, em que os consensos globais reinam sobre tudo o resto. A ordem imperial deverá ser, sob esta perspetiva de expansão imperial, superior à soberania dos estados.

A superioridade militar e económica dos países europeus deve-se, em grande parte, a este período de acumulação de capital, que deu possibilidades para que o mundo fosse dividido em esferas de influência, esquartejado por linhas imaginárias e por superioridades morais, muitas vezes roçando o que é mais imoral.

A origem do império foi esta, segundo vários historiadores. E continua a ser esta até aos dias de hoje. Por este motivo, Toni Negri (2007) afirma que não devemos cair no erro de definir o império como sendo fruto de um conjunto heterogéneo de forças que, por uma mão invisível do mercado, se põem de acordo para reinar sobre tudo e todos. As forças naturais e espontâneas de um mercado económico não explicam nem tornam inteligível a realidade.

Acreditar nesta doutrina poderá ser anti-científico e anti-racional, pois, como Adam Smith afirma na sua obra mais reputada *A Riqueza da Nações* (2009), os estados soberanos deveriam acreditar no auto-interesse dos seus cidadãos e deixar a sociedade florescer no setor económico e comercial, sem que o estado interferisse monopolisticamente, de modo que as trocas internacionais e nacionais de matérias primas industriais e financeiras fossem livremente feitas.

Esta premissa inibia que o Contrato Social de Rousseau (1998) pudesse reclamar uma parte dessa riqueza para distribuir pelos cidadãos e que a soberania devesse proteger, acima de tudo, o povo maioritário. Esta cartilha, que agora é chamada de neoliberal, à época era algo profundamente revolucionário e promissor, logo obteve grandes adeptos, nomeadamente governantes que viram um futuro para além da política, para si e para os seus da esfera alta do castelo social.

O importante a reter é o facto de que esta crença no mercado e na soma das más vontades, que milagrosamente iriam dar um resultado solidário, é uma crença pouco racional, visto que os resultados observados nos grandes centros do capitalismo nos mostram que, sem regulamentação dos contratos sociais, ou seja, dos órgãos de soberania sobre uma esfera económica – que é um fundamento de toda a sociedade –, não se pode alcançar a igualdade, a liberdade, a fraternidade, logo uma sociedade tendencialmente mais equitativa e menos conflituosa.

É precisamente por este motivo de dúvida científica que não podemos definir a ordem global atual como fruto de um acaso ou de uma ordem pouco explicável cientificamente em que o mercado se autoregula. Pelo contrário, para Toni Negri (2007), Boaventura de Sousa Santos (2001) e Mário Moutinho (2011), esta ordem global contemporânea é fruto de um planeamento económico e político efetuado por centros de poder que, muitas vezes, correspondem a potências coloniais ou ex-coloniais, mas que, sem dúvida, planearam e continuam a fazer pressão para que a sua visão etnocêntrica de carácter imperialista possa triunfar sobre tudo o resto.

No entanto, existem divergências sobre como foi constituído o império e sobre o que é o império: para uns, esta ordem global é fruto ainda de um braço de ferro entre estados-nações que, dentro dos seus interesses nacionais, continuam a ver e a forçar a ordem global para proveito dos seus cidadãos. Para outros, como Toni Negri (2007), o império já não é constituído por forças de interesses nacionais, mas por forças legais e jurídicas globais que não servem de forma evidente os interesses de um país ou estado- nação, mas apenas servem centros de poder económico e cultural.

1.2. As instituições supranacionais

É nesta linha de análise que pretendemos investir, no sentido de entender se, de facto, o estado-nação imperial, colonial e etnocêntrico já não é o centro do mundo. Para este efeito, Negri (2007) sugere que analisemos a ordem jurídica e a soberania planetária que, segundo o mesmo, está a ser instituída mais fortemente desde a criação da Sociedade das Nações e, posteriormente, nas Nações Unidas.

Segundo este autor, esta instituição foi o inicio de uma tentativa moderna ou contemporânea de criar uma ordem e soberania planetária, sendo imperativo entender o surgimento e os seus fundamentos.

As Nações Unidas foram uma tentativa de estabelecer um quadro jurídico global. Este marco institucional foi provocado por contextos geopolíticos globais que predispunham o mundo em guerra militar e num conflito de interesses económico-coloniais. A divisão do mundo em termos coloniais não era mais uma opção plausível a longo prazo. Os estrategas do império inglês e de todas as potências coloniais da Europa tinham poucas expectativas quanto à continuação de um império colonial, baseado num estado-nação e obediente a um único ponto de poder central.

Desta forma, o pós-guerra e os despojos dos vencidos construíram uma oportunidade única para que se criasse uma organização de soberania planetária com o intuito de regular as transações económicas, políticas e culturais a nível global.

Para Toni Negri (2007), as Nações Unidas tiveram como pressuposto ideias meritórias e convergentes com as leis da democracia representativa, pois o principio da equidade de decisão de todos os países, independentemente do seu tamanho geográfico ou poder militar, apontava para um nível de "justiça" mundial razoável, e augurava um bom entendimento entre os povos do mundo.

Os tratados antigos proclamados entre os estados-nações foram tidos em consideração. O conceito territorial e de relações institucionais entre os membros das sociedades era um elemento conceptual que respeitava os territórios geográficos e a propriedade privada ou nacional.

No entanto, o resultado prático destas Nações Unidas foi uma história, muitas vezes, pouco representativa das ideias democráticas e muito de decisões impostas, por vezes, unilateralmente a todos os membros desta união político-militar. É neste sentido que nos devemos questionar sobre esta hipótese lançada pelo sociólogo italiano, que propõe como definição de globalização possível e, porventura, errada a teoria de que esta ordem global foi criada através de um poder único e supremo. Segundo esta teoria apenas uma super-potência teria tido o poder e a destreza diplomático-militar de intervir, para que a ordem mundial e as suas instituições mais visíveis – nomeadamente o Fundo Monetário Internacional, a Organização Mundial do Comércio, o Banco Mundial – agissem de acordo com o seu interesse nacional, traindo o interesse do grupo de países que subscreveram a concordância e o compromisso para com estas instituições internacionais e supranacionais, a primeira materialização de uma ordem global. Como Milton Santos (2000) definiu, falamos de um "globalitarismo" que é único na história da humanidade.

O que suscita dúvidas neste *statu quo* é se, de facto, um poder nacional conseguiu deturpar o que começou por ser um sonho em conjunto.

Para entendermos com mais clarividência esta hipótese de domínio mundial de apenas um estado-nação, e consequentemente possuirmos mais poder de reflexão sobre o poder de um pais soberano deste mundo global, é relevante aprofundar um conceito que, juntamente com a globalização, é um elemento- chave em toda esta análise do fenómeno mundial.

As classes transnacionais de pessoas, fruto deste novo fluxo de capitais, meios de produção, populações e culturas que são um apanágio do *statu quo* em que nos posicionamos, são um novo grupo social que merece atenção. Segundo Boaventura, uma classe transnacional está a ser criada, fruto da ordem mundial e, apesar de sempre ter existido esta hierarquização entre homens ou cidadãos, a realidade é clara. O mito de uma sociedade das nações, constituída por iguais e fraternas nações que exercem o poder diplomático entre o mundo, de modo fraterno e justo, é, de facto, um mito, pois a realidade é bem diferente. O mundo globalizado criou novas instituições como a ONU, a OMC, o FMI e o BM, mas também criou outras formas de soberania e de poder.

"*As multinacionais são a principal forma institucional desta classe capitalista transnacional e a magnitude das transformações que elas estão a suscitar na economia mundial está patente no facto de que mais de um terço do produto industrial mundial é produzido por estas empresas e que uma percentagem muito mais elevada é transacionada entre elas.*" (Boaventura, 2001, 55).

A importância destas novas formas de poder que surgem da iniciativa privada é incontestável, devido à simples verificação das estatísticas que indicam o volume de negócios praticado por estes gigantes, mas também pelo papel de representação de uma nova classe transnacional de gestores, funcionários públicos e políticos que emergem ao abrigo deste novo contexto de poder (Santos, 2001).

Segundo estes autores, surge uma tripla aliança de poder entre a burguesia estatal, constituída por funcionários públicos e capitalistas locais de alta formação, uma classe política de nova geração neoliberal que entende e compactua com a transnacionalidade dos negócios e das leis dúbias da fuga ao fisco.

A última, mas mais influente, classe desta tripla aliança é uma elite capitalista transnacional que gere e recebe a maior parte dos lucros desta cadeia. Esta última classe de gestores intercontinentais é uma representação futurista das antigas potências coloniais, visto que ocupa o papel dos impérios, baseados num estado-nação centralizador como o Inglês, que detinha o poder total do globo nos meados do século XX, tendo sido a primeira nação a efetuar a mobilidade em grande escala de capitais e de investimento estrangeiro (Pierre Jalée, 1970).

Visto que, segundo Lenin, o Imperialismo seria a última fase do capitalismo, podemos refletir e observar alguns sintomas desta profecia científica. A hipótese de que o centro do império ou desta ordem mundial partirá de um único centro de poder cai por terra, tendo em conta esta nova disposição de classes mundiais. Becker e Sklar vão mais longe, ao afirmarem que estas classes não têm muito em comum, se analisarmos culturalmente estas pessoas. Aquilo que os põe em sintonia é o poder económico de que usufruem, que resulta do cumprimento das diretrizes do império que, na verdade, está em constante definição e contradição (Toni Negri, 2007), e que não é possível descortinar de modo tão simplista quanto os anti-EUA afirmam, acusando este país de ser a raiz de todos os males.

Estudos sobre este fenómeno da globalização efetuados por Negri (2007), Boaventura (2001), Castells (2001) mostram-nos que a realidade é multifacetada e que existem, de facto, muitas globalizações e diferentes efeitos, tendo em conta a região geográfica e geopolítica. É urgente identificar estas diferentes tonalidades que a globalização impõe ao mundo e às suas populações.

1.3. Em busca de um método

Antes de tentarmos delinear os diferentes modelos de desenvolvimento humano que poderão ter sido usados para definir o *statu quo* social, é urgente relembrar alguns factos, para que seja por demais evidente a desigual distribuição da riqueza mundial, que é gritante, mas que, paradoxalmente, não está aos olhos de ver dos minoritários europeus e americanos do norte, porque a realidade é simplesmente uma construção mediática e informacional em muitos deste países que, alegadamente, constituem o centro do império ou o coração do poder.

Segundo Boaventura, *"é hoje evidente que a iniquidade da distribuição da riqueza mundial se agravou nas duas últimas décadas: 54 dos 84 países menos desenvolvidos viram o seu PNB per capita decrescer nos anos 80, em 14 deles a diminuição rondou os 35%, segundo o relatório do Programa para o Desenvolvimento das Nações Unidas de 2001 (PNUD, 2001), mais de 1,2 biliões de pessoas (pouco menos que 1/4 da população mundial) vivem na pobreza absoluta, ou seja, com rendimento inferior a um dólar por dia e outros 2,8 biliões vivem apenas com o dobro desse rendimento (PNUD, 2001, 9). Segundo o Relatório do Desenvolvimento do Banco Mundial de 1995, o conjunto dos países pobres, onde vive 85,2 % da população mundial, detém apenas 21,5% do rendimento mundial, enquanto o conjunto dos países ricos, com 14,8% da população mundial, detém 78,5% do rendimento mundial. Uma família africana média consome hoje 20% menos que consumia há 25 anos. Segundo o Banco Mundial, o continente africano foi o único em que, entre 1970 e 1997, se verificou um decréscimo da produção alimentar (World Bank, 1998). O aumento das desigualdades tem sido tão rápido e tão grande que é adequado ver as últimas décadas como uma revolta das elites contra a distribuição da riqueza iniciado no final da Segunda Guerra Mundial."*

Esta constatação que qualquer cientista social, nomeadamente Boaventura Sousa Santos fazia em 2001 sobre o *statu quo* mundial era por si só demonstrativa de uma perversidade da ordem vigente, pois criou um mundo injusto, imoral e profundamente conflituoso. A hipótese de que um grande centro difusor é responsável por todo este marasmo e caos humanístico é, de facto, redutora e simplista. É evidente que nem uma ordem espontânea resultante de uma formação heterogénea do mundo nem um centro difusor normativo único e centralizador são as causas da atual desordem global.

Ziegler afirma que *"o massacre originado pela subalimentação e pela fome de milhões de seres humanos é o principal escândalo deste início de milénio. É um absurdo, uma infâmia que nenhum argumento poderá justificar e nenhuma política legitimar. Trata-se de um crime contra a humanidade indefinidamente repetido"* (2005, 58).

A fome, segundo o autor, é a causa da dívida soberana destas nações subdesenvolvidas que se comprometeram a seguir as diretrizes do FMI e da OMC, no intuito de efetuar reformas estruturais na economia, legislação, e em todas as dimensões da sociedade. Esta dívida contraída pelas nações resulta de um contexto de desigual acesso aos mercados e de um atraso histórico no que diz respeito à acumulação de capital.

A maioria dos países que contraem estas obrigações financeiras são ex-colónias e foram saqueados, durante séculos, do direito a um desenvolvimento enquanto povos independentes por parte das potências colonizadoras. Nkrumah (1973) nos seus estudos sobre o neocolonialismo expõe este mecanismo perverso que cria as condições inevitáveis para que estes países peçam a "ajuda" à comunidade internacional, como se não existisse alternativa possível.

A dívida soberana destas nações está vinculada a acordos e contrapartidas económicas. Por exemplo, Stiglitz, na sua obra *Making Globalization Work* (2006), dá-nos um exemplo de um país africano que pede um empréstimo de milhões de dólares. No entanto, esta soma contraída deverá ser gasta em contratos de construção civil, cuja execução será feita por empresas europeias e norte-americanas.

Esta "ajuda" económica é, de facto, uma armadilha neocolonial que mina a soberania e impede a missão de governar para o povo, que é a grande demanda de qualquer governo.

A fome resulta destas e de diversas conjunturas mundiais e dos pretensos neocolonialismos que poderão estar na génese de uma nova ordem mundial. Ziegler afirma que a fome é a maior causa de morte no planeta e que o seu maior carrasco é a dívida soberana dos países ditos subdesenvolvidos.

A FAO, organização que tem como responsabilidade a monitorização dos recursos agrícolas e da sua distribuição planetária, define dois níveis de fome: a fome conjuntural e a fome estrutural.

A fome conjuntural é aquela que incidiu em países em que a economia não era aparentemente débil ou susceptível de colapso, mas que, por motivos internacionais ou internos, caiu em crise económica e social. Estas nações têm cidadãos que demonstram carências a nível alimentar de modo residual numa primeira fase da crise.

No entanto, como podemos constatar, a fome aumenta na Europa, e nem a vergonha ou o estigma social impedem este fenómeno de aumentar e tornar-se cada vez mais transversal.

As sociedades ditas desenvolvidas enfrentam, mais uma vez na sua história, crises de fome e carência de dignidade por parte de uma franja populacional cada vez maior. Poder-se-á afirmar que a Europa não deixará que a situação política e económica chegue a níveis terceiro-mundistas, contudo vemos que a classe política contemporânea é transnacional e tem interesses mundiais.

A pertença a um local geograficamente distinto já não caracteriza as classes atuais, que vêem os seus cargos de soberania nacional como uma passagem para outros cargos no setor privado e transnacional institucional.

A fome conjuntural corre o risco, no caso europeu, de se transformar numa entrada na Idade Média ou num conflito interno de consequências inimagináveis. Os estados-nações, neste contexto, poderão agir do modo mais autoritário possível, pois o contexto assim o pedirá. A fome como a globalização é um fenómeno social total e só pode ser entendido com várias ferramentas conceptuais.

A outra definição de fome intitula-se como estrutural e caracteriza-se por estar presente nos países subdesenvolvidos. A fome, neste caso, é um *serial killer*, e mata diariamente milhares de jovens e crianças. O fenómeno da escassez de recursos num mundo cheio e excedentário é, de facto, incompreensível sob os parâmetros humanistas. No entanto, o flagelo da fome persiste quer nos países ditos desenvolvidos, sob a forma conjuntural, quer nos outros países, de forma estrutural.

Segundo Ziegler (2005), a causa dos dois fenómenos, não obstante ser em diferentes contextos geográficos, provém da mesma origem: a dívida.

No caso de países ditos subdesenvolvidos, a dívida manifesta-se pelo neocolonialismo, anteriormente referenciado, e por demais evidente ao cidadão interessado. No entanto, no caso da conjuntura europeia, este problema, a ineficácia das economias nacionais, resulta de uma disfunção política, e também da falta de regulamentação económica por parte das entidades respetivas.

Muitos países soberanos, nomeadamente Portugal, aderiram à comunidade europeia num clima de clivagem política do mundo; a Guerra Fria estava bem presente quando Portugal aderiu à CEE.

O projeto de integração europeia pressupunha princípios, como a formação das Nações Unidas, de igualdade estatutária e uma cooperação entre todos os países membros. Como todas as instituições, a UE constitui o conjunto de interesses particulares nacionais que, consensualmente, construíram esta aliança. Dentro desta malha de alianças surgiram distinções entre países periféricos ou secundários e países centrais.

Portugal foi considerado, à partida, como um país periférico que, em teoria, deveria desenvolver a sua atividade enquanto membro com tranquilidade e respeito pelas leis comunitárias.

As leis comunitárias pediram a estas nações, consideradas periféricas como Portugal, que destruíssem o seu aparelho produtivo, que se transformassem em plataformas comerciais e financeiras que iriam servir de escoamento dos produtos escoados do centro do império: Alemanha e França.

Esta lógica que, por si só, parece um neocolonialismo dentro dos próprios países colonialistas impôs, de facto, uma transformação do tecido social português, das suas competências enquanto massa de trabalhadores e mudanças legislativas, no que diz respeito às leis laborais, propriedade privada industrial.

Com efeito, a perda de produtividade interna era compensada com um fluxo de capital ou crédito por parte das instituições financeiras transnacionais europeias, que sustinham uma economia na troca da mesma se tornar um depositário e consumidor dos excedentes industriais, que constituíam uma preocupação de teor capitalista para os senhores do império.

1.4. A tensão eterna

A crise atual, que leva a uma situação de possível fome conjuntural em Portugal, resulta de uma crise do sistema financeiro do centro de poder europeu e mundial que se repercutiu em todas as nações. As nações periféricas, porque detêm menos poder negocial, estão agora reféns dos centros decisores da Europa, logo dos países mais influentes.

Esta conjuntura coloca-nos na mesma posição de países com fome estrutural. Na verdade, ambos os países estão reféns de fluxos financeiros internacionais, e ambos aceitam modificar, em alguns casos, a sua própria constituição para receberem os ditos fluxos de capital.

Nesta perspetiva, Portugal está na mesma posição e é vitima da mesma chantagem que os países africanos, em relação ao FMI.

Reconhecendo este imoral e perverso xadrez entre a dívida e o desenvolvimento civilizacional, que resulta na fome e injustiça social, é urgente procurar a solução política e soberana para estas questões. Apenas uma solução que traduza o consenso maioritário do povo poderá ser legítima e aceite por nós, cidadãos modernos.

É imperativo abordar esta questão da globalização de um modo interdisciplinar e diversificado, de modo a poder interpretar e tornar inteligível a realidade que, por si só, já é conflituosa. Todo o estado moderno ou contemporâneo é, por natureza, conflitual e contraditório (Toni Negri, 2007).

Para construirmos uma representação inteligível do fenómeno da globalização, é imperativo refletir sobre estas várias abordagens do fenómeno e ter em conta as desconstruções do mesmo. Observamos que um investigador difere na análise de outro, por ter mais interesse num tema, nomeadamente ao direcionar o seu foco investigativo na dimensão jurídica como Negri. Outros tentam entender o fenómeno como um todo, como um fenómeno social total, e abordam a questão do modelo económico-político e cultural.

Toda esta caótica cientificidade de atenções investigativas torna clara a importância do estudo aqui proposto. O que se pretende neste primeiro capítulo é precisamente explorar estas diversas abordagens a um fenómeno que, paradoxalmente, é o mesmo desde a criação do Homem: a sobrevivência enquanto espécie, e o significado dessa viagem, um processo que já não implica sobreviver fisicamente, alimentar-se a si e ao agregado familiar, mas pressupõe uma sobrevivência intelectual e cultural, pois a sociedade global é uma rede cultural que torna as vontades primárias em imaginárias e, consequentemente, em imperativos físicos.

Mas antes de explorarmos a concepção da sociedade em rede, devemos entender mais profundamente a teoria partilhada por Negri e por outros estudiosos no processo global de uniformização do mundo, que é, na verdade, um processo de construção jurídica global, em que uma ordem apoiada ou materializada em instituições supranacionais constrói uma soberania planetária.

Negri (2007) afirma que as novas formas jurídicas são aparentemente uma materialização da ordem económica e política global, definida por um bloco de países ou de zonas de influência que, através das instituições e do direito internacional, levam os seus interesses avante. Mas serão estes interesses nacionais? Serão interesses setoriais? De grupo? De classe? A importância do estado-nação como centro normativo-político-económico e militar, como sendo um dos centros do império com semelhança ao colonialismo Inglês, é e apresenta-se como um quadro explicativo para alguns teóricos que recusam a aceitar a diluição do estado-nação enquanto ator global e criador de ordem jurídica e moral global.

O pensador social argumenta que, para entender o mundo global, é urgente interpretar o mundo, tendo em conta que uma nova ordem jurídico-económica e política está em ação e é capaz de resolver os conflitos mundiais.

Em suma, a tensão mundial entre os povos industrializados e os não desenvolvidos, bem como os ditos países emergentes, é ditada e mediada através desta nova ordem a que dificilmente pertence e é de autoria de apenas um país.

O império, nesta definição, é um processo unitário e centralizador onde um poder ético-moral e político é emanado através do quadro jurídico que se estende por todo o território. Este processo resulta num consenso que estabelece um terreno e um mundo dito civilizado, que é o mundo total para os seus integrantes. Desta maneira, quem quebre ou ponha em perigo a ordem do império, é considerado um terrorista, um inimigo, um louco.

É deste mecanismo que identifica o outro como alguém evidentemente inimigo e nefasto que as guerras preventivas são feitas. Os bárbaros são atacados, o outro é visto como um alvo a abater, é retratado como alguém que não vive neste mundo e que não comunga dos códigos morais partilhados por todo o "mundo" como regras éticas e, em última análise, jurídicas, tidas como planetárias e cristalizadas nas instituições supranacionais como a ONU, a OMC, o FMI, ou o BM.

Nesta perspetiva de análise, é importante reter que existiram duas formas de desenvolvimento da dominação mundial, ou seja, de um império. A primeira foi o modelo que corresponde ao império romano em que um poder central, Roma, tinha um papel unificador e pacificador entre vários estados-nações, e a Pax Romana imperava no território que se chamava Império Romano.

Por outro lado, este mecanismo de dominação e de implementação de uma soberania sobre um território, logo uma dominação assente num pacto social ou num contrato social, aplica-se e aplicava-se dentro dos próprios estados-nações que compunham esta aliança imperial. O contrato social de Rousseau é, de facto, a grande obra que, no século pré-Luzes, nos faz entender que a soberania, a liberdade individual e o reconhecimento do poder maioritário de um povo em termos numéricos e democráticos é o pilar de uma boa governação, eficaz e duradoira, pois com um regime democrático onde o estado de direito é imposto, o povo terá a legitimidade de eleger e criar órgãos de soberania como o poder judicial, executivo, e legislativo.

É neste intuito que os governantes e os povos da Europa passaram a organizar-se depois da Revolução das Luzes no século XVIII. Esta revolução "epistemológica "deu lugar, ou deu continuidade, a impérios coloniais que tinham uma ordem total sobre mais do que um território, visto que a existência de colónias implicava esta constatação. Nos territórios, por exemplo, africanos que estavam sob dominação de uma potência colonial europeia, a lei da república e do centro de poder era imposta e aplicada, tendo um papel pacificador e regulador moral e jurídico.

Esta ordem jurídica imperial romana, e depois colonial europeia, passou a ser um padrão e uma base de desenvolvimento do nosso império globalizante. Por conseguinte, na contemporaneidade dos meados do século XX, surgiram dois padrões de poder e soberania, logo de desenvolvimento global de povos ou nações.

Um primeiro modelo implica uma visão materialista da História, onde a luta de classes e o interesse antagónico de quem detém os meios de produção e de quem tem apenas a sua força braçal se esbarram. Uma luta por uma sociedade sem classes, onde os meios de produção sejam nacionalizados e postos sob a gerência do povo ou de comités do povo, e onde a propriedade privada passe a ser propriedade de um grupo de estruturas coletivas de soberania é uma das hipóteses. Desta maneira, a ordem jurídica, nomeadamente no império soviético, é emanada de um centro e adquire um papel pacificador e legitimador de toda uma ação imperial, que traduz uma ordem e doutrina política e económica central, e detida apenas pelo centro.

Por outro lado, segundo Negri (2007), existiu outro modelo de desenvolvimento social em que a economia liberal moderna, ou a "Mão Invisível" de Smith, impôs uma fé num modelo onde a propriedade privada foi e é sacrossanta , em que os meios de produção são privados e que o estado tem um papel cada vez menor na regulamentação da economia e das trocas comerciais. Isto será o mesmo que dizer que o estado ou os órgãos de soberania terão perdido um poder de decisão sobre o andamento das práticas comerciais, logo sobre a economia política e cultural, visto que estas dimensões do social estão interligadas e são dependentes.

Neste modelo de desenvolvimento de ordem imperial e de dominação nacional, a ordem jurídica seria substituída por uma suposta harmonia, originada pelo mercado livre e pela junção das ambições humanas que, em última instância, dariam origem num resultado solidário. Smith, em *A riqueza das Nações* (2009), argumenta precisamente este ponto: uma sociedade onde os cidadãos com direitos de igualdade jurídica pudessem desenvolver um trabalho ou criar uma atividade económica que desse trabalho, e que a riqueza surgisse inevitavelmente em bem-estar social generalizado, que seria distribuído por todos os integrantes do Contrato Social.

Para Negri (2007), uma junção destes dois modelos de dominação ou soberania é, de facto, o molde interpretativo que se enquadra nesta realidade pós-moderna. O império romano, a ideologia das Luzes, com o seu liberalismo económico, o comunismo científico de Marx e todas estas matrizes de pensamento deram lugar a uma outra forma de imperialismo: uma ordem global jurídico-político-cultural e militar, que está por explicar detalhadamente.

1.5. A guerra justa e o conflito legitimador

Tornar inteligível este processo é um desafio com que se deparam todos aqueles que querem entender este mundo ou dar a conhecê-lo. Negri fala da guerra justa como conceito que nos poderá ajudar a entender este império que sempre existiu, mas, paradoxalmente, emerge como algo único, nunca antes visto.

Para Negri, a guerra justa ou preventiva, como o público a conheceu nos últimos episódios internacionais, é um conceito que era utilizado tradicionalmente, quando o território estava ameaçado, ou que a independência e soberania política pudessem ser postas em causa (2007, 29). O autor vai mais longe e retrata uma nova definição de guerra justa ou preventiva, em que a ação militar é vista como uma ação de policiamento e com uma finalidade ética: o caso das missões de "paz" dos capacetes azuis da ONU é, de facto, paradigmático desta nova definição.

A presença de tropas com o intuito de trazer a "paz" tornou-se a legitimação para ocupar e controlar territórios vistos como malignos. Exemplo disso é a definição atribuída pelo ex-presidente dos EUA, Bush filho, a certos países não alinhados com a ONU-OMC-FMI e todas as instituições supranacionais que dão legitimidade e corpo a uma ordem jurídica globalizante que cria um global poder (Milton Santos, 2000).

Estas instituições emanam valores que se cristalizam em leis, aceites pela opinião pública do império. Este mecanismo de diferenciação entre os "nossos" e os "outros" tem pautado a política nas últimas décadas pós-modernas e, justificado, segundo Chomsky, infrações aos direitos humanos.

Para entendermos as justificações do império em usar um poder coercivo de forma policial e moralista, como se tratasse de um ajuste social dentro de um contrato social inerente a um estado-nação, é urgente entendermos a significância do termo terrorista e refletir sobre o uso do termo em si.

Para Chomsky, *"o termo terrorista começou a ser usado no final do século XVIII para referir, primeiramente, atos violentos da parte dos governos, concebidos para assegurar a submissão popular. Este conceito é, manifestamente, de pouca utilidade para os praticantes do terrorismo de estado, que, detendo o poder, estão na posição de controlar os sistemas de pensamento e de expressão.*

O sentido original da palavra foi, assim, abandonado, e passou a ser aplicado principalmente ao terrorismo "a retalho" levado a cabo por indivíduos ou grupos" (1996, 57).

Esta mudança de significado da palavra terrorista é sintomática e valida a teoria de Negri que argumenta a total demonização do "outro" por parte da máquina ideológico-política e militar do império.

O que podemos observar atualmente é a catalogação de terrorista de quase todos aqueles que não se submetem ao contrato social planetário e que recusam o poder normativo, político e económico que emana do centro de poder. Paradoxalmente, este ponto de convergência é difícil de determinar.

Se podemos entender os limites territoriais do império, a percepção do limite do poder simbólico, comunicacional e moral é pouco mensurável. A guerra ideológica é, de facto, um elemento-chave para a legitimação da ordem imperial.

Mas a questão ressurge: se um centro diretivo não existe, ou é de difícil identificação, quem é responsável por este bloco poderoso de ideias e consensos? Como podemos aceitar com passividade a morte de quem não partilha estes consensos?

A resposta a esta questão prende-se com os mecanismos mediáticos e tecnológicos que constituem o braço cultural do império. Para entendermos melhor esta questão, podemos refletir sobre o caso peruano dos anos oitenta, que se estende até à atualidade.

1.6. O mosaico da perplexidade

Em meados dos anos oitenta, o Peru, um país de cariz semi-feudal, com uma estrutura económica pouco industrializada, típica de um país dito de Terceiro Mundo, em que grande percentagem da população era, e é, de etnia indígena, deu-se uma revolta popular de cariz "terrorista".

O partido comunista do Peru inicia uma luta armada em 1981, após anos de incubação nos setores da sociedade, nomeadamente nos sindicatos e com mais força nas camadas de camponeses andinos de Ayacucho.

Esta revolta armada, com recurso a técnicas de guerrilha, tomou de sobressalto as gentes de Lima que, na capital do país, não tinham noção do potencial revolucionário da injustiça originada por séculos de escravidão camponesa com os ideias comunistas ou do bloco socialista.

Este caso peruano, que será posteriormente abordado, serve para entender como dentro de um contrato social se pode demonizar uma camada de população, acusando-a de ser terrorista e de pôr em risco a ordem imperial ou, alegadamente, maioritária de um território. No caso peruano, este partido político foi catalogado de terrorista e combatido com métodos muitas vezes mais terroristas que os assim denominados usavam.

O estado peruano violou, e negou oficialmente, os direitos humanos acordados pela comunidade internacional que o mesmo estado tinha subscrito; rasgou este compromisso, alegando a segurança nacional e o risco de intromissão política dentro do seu próprio território. Os argumentos usados pela antiga definição de guerra preventiva foram esquivados por um aparelho estatal bem apetrechado a nível mediático.

Se a antiga definição de terrorismo implica uma agressão ou coação por parte de um estado sobre os seus cidadãos, então o governo peruano cometeu terrorismo com o seu povo. Contudo, se aplicarmos a nova definição de terrorismo, em que os atos de terror são cometidos por grupos ou indivíduos marginais e não convergentes com um estado-nação, então o Peru apenas protegeu os seus cidadãos, pondo em prática uma guerra preventiva e justa dentro do seu próprio território.

Este conflito, que ainda persiste, já matou cerca de 30 000 pessoas, segundo a Comissão de Verdade e Reconciliação (1991), e é visto, sob estes novos conceitos imperialistas, como um conflito justo por quem o pôs em prática, o estado peruano e os seus governantes na respetiva época.

Para entendermos melhor quem é o vilão e quem se torna aos olhos do "mundo" um pária e marginal, urge acompanhar o raciocínio de Chomsky que nos ilumina sobre a história do conceito de pirataria que, à semelhança do de terrorista, é instrumentalizado para servir os interesses do império. O linguista afirma que um ato de pirataria e de terrorismo é feito quando são os outros a fazê-lo, quem partilha outra ordem cultural e civilizacional (2001).

Desta maneira, o autor denuncia que, na realidade, a história é bem diferente da imagem que o mundo "ocidental" nos retrata, afirmando que *"as maiores vítimas do terrorismo internacional nas últimas décadas têm sido os cubanos, os habitantes da América central e os do Líbano, mas nada disto conta, por definição.*

Quando Israel bombardeia os campos de refugiados palestinianos, com o pretexto da represália, ou envia as suas tropas a aldeias libanesas em operações de contra-terrorismo em que assassinam e destroem; ou quando sequestram navios e despacham centenas de reféns para campos de prisioneiros sob condições terríveis, isso não é terrorismo; de facto, as raras vozes de protesto são tempestuosamente condenadas" (Chomsky, 2001).

Os conceitos de pirataria, terrorismo e de guerra justa são, como a própria globalização, ideias e valores antigos, mas paradoxalmente contemporâneos, visto que se transfiguraram com as circunstâncias geopolíticas mundiais.

A questão coloca-se em saber, ou identificar, as causas e a fonte desta ordem global que emana e faz efetivar estas mudanças de convenções que moldam o mundo e as vidas dos povos do mundo. Quem será? O que será a causa, o centro da tempestade?

Para Negri (2007), o " modelo da autoridade imperial" assenta na constatação de que o poder não fica e não tolera o vácuo, e de que as lógicas de dominação não deixaram de existir simplesmente porque a Guerra Fria terminou. O fim da dialética de poder, que dividiu o mundo em duas forças super-poderosas que criaram um campo gravitacional, onde tudo era sugado para o centro das mesmas, acabou, mas deu lugar a outro campo gravitacional pois, segundo o autor, o poder não fica em mãos vazias e é, por natureza, omnipresente.

A ordem de poder contemporânea ou pós-moderna apresenta-se como imperceptível, quase não se vê mas, no entanto, ela é forte e total. Muitos teóricos vaticinaram que o mundo estaria entregue ao caos e à anarquia se, de facto, as duas potências caíssem por terra. No entanto, o que se verificou foi um ajustamento das instituições internacionais e uma auto-regulação dos poderes normativos globais.

A ONU e os seus órgãos supranacionais ocuparam por completo a tarefa de regular e punir quem estiver fora do contrato social total planetário. Desta maneira, a ordem mundial é imperceptível, pois não está atribuída de modo evidente a nenhum país e, por outro lado, ela é implacável, pois age de modo militar e legitimo contra quem põe em risco os seus interesses, ou seja, os interesses de todos "nós".

Para Negri, o que move e serve de legitimação para as ações do império são a paz e a lei, os direitos humanos e a comunidade internacional; falamos de um código moral que é total, mesmo antes de ser reconhecido pela totalidade dos povos.

O autor afirma que a nova ordem parte do pressuposto de que todos sabem implicitamente as regras do jogo, e mostra-se indignado, posteriormente furioso até, contra quem não sabe as mesmas regras, como se fosse óbvio saber e aceitar os consensos da aliança da ONU.

"Enquanto as perspetivas de transição anteriores centravam a atenção na dinâmica de legitimação que conduzia à ordem nova, tudo se passa no novo paradigma como se a nova ordem estivesse já constituída" (Negri, 2007, 56).

Esta dinâmica de dominação planetária difunde a mensagem de que o único organismo supranacional que é capaz de garantir a paz mundial e os " bons costumes" é, de facto, o sistema montado e materializado nas instituições ONU. Cria-se desta forma um fatalismo histórico, em que o fim da história de Fukuyama se encaixa bem nesta linha de pensamento.

A história, no entanto, não acabou como muitos poderiam afirmar, nem os povos do mundo que, na sua maioria, não viram a sua fome terminar.

A ilusão de um fim da história onde o modelo de gestão capitalista do mundo seria suficiente para dar paz e tranquilidade ao mundo de forma eterna é, efetivamente, uma cortina de fumo, e não de ferro.

O que surgiu deste marasmo e misticismo fatalista da história foi uma rede bem delineada de dominação imperial, cujos contornos só agora começamos a entender.

O poder do império contraria as regras de poder antigas em que os estados-nações impunham uma ordem aos demais e ao conjunto, forjando a lei de dentro para fora. Atualmente, o império impõe de fora para dentro as suas leis, normas, éticas e legitimidades; o estado-nação incorpora práticas do império que surgiram de uma legitimidade imediata e espontânea.

O conceito de justiça, paz e de solidariedade social são recriados, tidos como obviamente ligados à eficiência de um mercado, e as leis da livre concorrência e da propriedade privada internacional são os pilares desta nova ordem. A crença tida como a única maneira de governar o "mundo", em que um mercado global onde as trocas são livres, onde as mercadorias circulam sem entraves, os capitais flutuam e saltam de bolsa em bolsa mediante os fusos horários, é tida como a única possível.

Para materializar esta ordem neoliberal do mundo são criadas estas instituições internacionais que surgem como se sempre tivessem existido, e que são sustentadas por um consenso e não por uma lei global. Uma lei implica o resultado de um processo de soberania em que um povo maioritário delega os seus poderes e liberdades antes possuídas no estado natural para governar as vidas na sociedade.

Esta delegação de poder define uma época moderna e um estado de direito em que existe uma constituição – acordada pelo povo na sua maioria – órgãos legislativos, judiciais e executivos, e um governo que tem como missão proteger os interesses da maioria constitucional.

Para Rousseau, o "Contrato Social" representava uma passagem de um estado natural, onde o indivíduo vivia em liberdade natural, livre da corrupção da sociedade dos homens, e em concordância com as leis da natureza que, na perspetiva do autor, eram as mais puras e divinas. O indivíduo, no entanto, enfrentava problemas de sobrevivência e, viu-se, tendencialmente, obrigado pela razão a adotar um estilo de vida coletivo, partilhando o espaço com outros grupos de homens e mulheres, outras famílias (1998).

O estado de direito e a lei civil nascem deste contexto e desta realidade que, em última instância, são o berço do conceito de soberania democrática. O povo é soberano e as leis são a cristalização de práticas culturais tidas como normais e aceites pelo grupo. Nesta sociedade global, as leis globais carecem grandemente desta legitimidade e soberania democrática. Negri vai mais longe e define o quadro jurídico global contemporâneo, sustentado por instituições planetárias, como sendo anti-representativo e não um resultado de uma soberania, mas sim de um consenso (2007).

A questão traduz-se em entender a criação deste consenso e se, de facto, existe esta convergência. O império age de acordo com este implícito consenso e intervém em territórios que, à partida, não estavam na esfera de potências ex-coloniais, logo estas intervenções dos capacetes azuis e as famosas missões de "paz" são, de facto, questionáveis em relação à sua legitimidade e propósito.

Saramago disse, numa conferência, que as instituições supranacionais têm dirigentes que não foram eleitos democraticamente, mas foram apenas nomeados de forma tecnocrática. Logo, a democracia carece de sustentação nos respetivos cargos e nas suas decisões que afetam milhões, e que, como vimos antes, alteram as próprias Constituições dos Estados-Nações. Assim, como é possível decidir o conceito de justiça, de paz mundial, quando a representatividade democrática está posta em causa e se afigura como uma questão pertinente nos dias de hoje?

A globalização, como vemos, apresenta estes desafios e é o desafio maior da sobrevivência humana e dos povos, mas sobreviver a que custo? Prosseguir com uma construção de uma nova ordem mundial, esquecendo séculos de história das ideias políticas e da aprendizagem democrática social? Estabelecer uma ordem sob o signo da constante dialética científica onde a verdade é a anti-verdade?

O conflito inerente à dialética da filosofia alemã pressupunha um questionamento constante das verdades e, neste caso, da espiritualidade. A dialética mundial implica e carece de democracia representativa, de mais mecanismos civis de ação social.

Boaventura Sousa Santos (2001) afirma que um paradoxo resultante deste consenso global é a crescente dominação e imposição de um pensamento global sobre as massas, resultando de uma dominação e alienação inteletual dos povos. Contudo, verifica que, em simultâneo, as nações ditas desenvolvidas ou com um índice de desenvolvimento tecnológico elevado, e dito de primeiro-mundo, estão a desenvolver laços em rede de inter-ajuda institucional, bem como as nações subdesenvolvidas.

A sociedade civil nunca foi tão vibrante e tão potencializadora de mudanças sociais como o é atualmente. Não obstante o estado de opressão inteletual, os povos do mundo lograram estabelecer redes de troca de informação, alertando para as perversidades destes consensos globais, das injustiças e das loucuras militaristas do centro do império.

Estas instituições conseguiram, em alguns casos, mudar a realidade e incitar à revolta social, como é o caso das revoltas árabes, no presente ano de 2012, em que um povo, usando a superestrutura de Marx, tentou provocar um levantamento popular e conseguiu-o.

O norte de África caiu em erupções de violência ou contestação da ordem vigente que impunha ditaduras dignas da Idade Média europeia. As redes de informação que foram originalmente criadas para entreter os estudantes de um campus americano serviram, do outro lado do mundo, para mudar a realidade e reclamar uma soberania já perdida nesta terra desde o tempo das invasões coloniais.

O neocolonialismo que Nkrumah (1973) anunciava ser o último estádio do imperialismo teve o seu revés e a sua antítese: o povo saiu à rua na praça Tahir, e a sua voz foi ouvida.

Tudo isto é globalização, toda esta ordem de coisas é sobrevivência, mas a questão ressurge: sobreviver, a que preço?

1.7. A sociedade da informação

A este propósito, pretendemos entender a concepção de poder segundo Castells (2001), que argumenta e defende uma análise da sociedade em rede para definir a própria globalização, logo o *statu quo*. O autor afirma que o poder institucional político é sustentado pela capacidade de gerir a informação, produzir conteúdos disponibilizados de uma forma massiva, processo que implica uma estrutura mediática e uma sociedade em rede.

Os atores sociais como a sociedade civil, sindicatos, confederações de patrões, partidos políticos, militares e setor financeiro são intervenientes nesta dialética comunicacional e informacional, pois determinam como, quando e para quem as regras consensuais normativas do império são distribuídas.

Por outro lado, a contra-ofensiva de quem não concorda com os consensos globais propagados pela máquina ideológica do império é tomada e perpetuada, utilizando os meios ao dispor. As tecnologias que são usadas pelo "opressor" são reinventadas pelos *cyber-punks* ou *hackers* que, ligados a variados grupos de interesse, exercem a revolta.

Afirmar que o poder supranacional político-económico-cultural e militar advém de um controlo da comunicação e informação mundial será, na nossa perspetiva, redutor. No entanto, Castells argumenta e constrói uma série de conceitos que sustentam a sua tese da sociedade da informação, sempre admitindo que a era digital e as redes de informação digitais são constituintes deste novo esquema de poder, sem que sejam os principais ou únicos suportes da ordem mundial (Castells, 2000).

Esta lógica de dominação informacional remete-nos para as definições de sociedade do controlo e de sociedade da disciplina. A primeira implica um controlo efetivo e institucional por parte do estado soberano. As escolas, hospitais, estabelecimentos prisionais, forças repressivas do estado, locais de trabalho e todas as materializações de um estado de matriz moderna são os símbolos desta sociedade.

Este modelo de Michel Foucault (1970) é criado num contexto de estado industrial e de desenvolvimento das instituições representativas do Estado. O parlamento e as instituições políticas garantem uma ordem normativa e formal do poder. Para efetivar o contrato social, a máquina governativa institui formas materiais e coercivas de representação, formas estas que, à semelhança dos estabelecimentos prisionais, lembram ao cidadão quem é o mais forte e as punições por desafiar o "macho alfa", neste caso, a maioria dos cidadãos.

A sociedade do controlo implica meios coercivos e uma representação mais material do poder. As sociedades no último século entenderam que esta organização social seria a mais adequada.

A legitimação de um poder estatal e soberano implica a força bruta militar, mas requer uma ideologia e um centro normativo forte que interiorize as ordens e os valores dentro de cada cidadão. A sociedade do controlo impõe a sua ordem de forma externa e endógena em relação ao cidadão; o indivíduo apreende as regras do jogo por imposição e medo de coação.

A interiorização dos valores legitimadores do contrato social é feita através das escolas e de todas as instituições do estado, no entanto o cidadão não tem ferramentas conceptuais ou tecnológicas para descortinar e apropriar-se das significâncias sociais como tem na sociedade da disciplina.

A sociedade da disciplina implica uma interiorização da ordem e valores constitutivos da sociedade, o cidadão apropria-se dos valores e consensos do seu envolvente local e global. Este modelo civilizacional, que está ainda numa fase embrionária, manifesta-se e efetiva-se através das novas tecnologias de informação. A comunicação formal e informal do mundo globalizado traduz-se numa auto-censura.

Os indivíduos, além de reconhecerem as leis e normas formais, são levados a perpetuar regras informais que, paradoxalmente, se tornam mais imperativas do que o quadro legal institucional. A produção de consensos transnacionais propagados pelos *media*, maioritariamente estatais, é tida como efetiva e legitima.

A soberania e a eminência das leis votadas em democracia compete com um universo de significados mutáveis com o tempo e em constante conflito com os intervenientes. As teorias contemporâneas que argumentam uma nova lógica de poder, decorrente das novas tecnologias, alimentam-se desta perspetiva e conferem-lhe um carácter mutante. A transfiguração e a indefinição do conceito vigente é a sua definição mais acertada.

O mundo está a elaborar novas formas de poder supranacional e, para o efeito, para a efetivação desta ordem, é fundamental o papel das multinacionais de *mass-media* e das redes de informação horizontal, resultantes da tecnologia wireless.

As estruturas globais de comunicação horizontal são a resposta de franjas de população que, muitas das vezes, não tinham acesso às novas tecnologias e que as conseguiram usar, veiculando mensagens, interagindo, difundindo outros paradigmas normativos além dos espalhados pelo pensamento único. Este processo manifesta, paradoxalmente, a nossa sociedade que, já global, é também um universo inquantificável de redes constitutivas de sociedade civil, faminta de soberania mais democrática e justa.

As velhas máximas de Rousseau (1998) postulavam a convicção de que para se ser o mais forte, não bastava sê-lo por si só, porque, se ninguém souber do nosso poder, ele não durará muito tempo nem será efetivo o suficiente para se cristalizar em lei, nem se transformar em prática cultural. Nesta perspetiva, para efetivar um poder, o grupo mais forte deve espalhar a mensagem ética de que, de facto, ele é o mais forte, e jogar, desta forma, com as expectativas de medo dos restantes.

A sociedade em rede funciona com estas expectativas, que não são de medo, mas de reciprocidade. O autor avança mais na sua análise e afirma que, para compreender como se constitui o poder, devemos entender como o nosso cérebro adquire e torna inteligível a mensagem dominante ou consensual. Entender como se estrutura a comunicação da informação global é um dos objetivos propostos pelo autor (2005).

No entanto, entender o poder político como resultado de uma orquestração comunicacional, e argumentar que este poder soberano de representatividade democrática é o único símbolo efetivo do poder continuaria a ser parco em explicação. O poder não é apenas jogado e materializado na esfera das instituições democráticas, como podemos ver nos últimos surtos de revolta na África do Norte e em todo o globo, nomeadamente os indignados de *Wall Street* e de toda a Europa que, através da sociedade civil, tem protestado contra o *statu quo*.

As práticas de contestação não são apenas de carácter político, sem que paradoxalmente possamos afirmar que tudo é político. O poder é exercido numa sociedade, tendo em conta duas dimensões de análise para o autor: violência e discurso.

A força bruta militar ou policial do estado é, de facto, o aparelho mais evidente de um poder de um estado-nação, no entanto o poder contemporâneo caracteriza-se por ter uma rede de comunicação que reúne consensos legitimadores de posições, e chama a si próprio a utilidade de intervir.

As guerras justas que abordámos anteriormente são exemplo deste mecanismo. Negri (2006) e Chomsky (2005) denunciam que os consensos planetários não são leis e carecem de legitimidade democrática.

Castells, com a sua sociedade em rede, demonstra que o discurso e a construção de significâncias no império é fundamental para o *statu quo* e interroga-se sobre o que é o poder e como este se materializa (2005).

Estas interrogações são mais uma tentativa de entender o mundo e de criar uma rede de percepção global. O império de Negri (2007) ou a globalização de Boaventura de Sousa Santos são complementados com este argumento de uma sociedade em rede e confirmam a existência de uma ordem global, construída em torno de dimensões sociais planetárias que interagem com as novas tecnologias, simbolizando, por isso, uma revolução tecnocientífica com estruturas político-económicas e sociais.

É, de facto, um fenómeno social total, que só pode ser explicado por um entendimento transversal das disciplinas humanas do conhecimento.

Vemos que a globalização é uma dominação nunca antes vista, pois engloba o "mundo" como um todo e não admite o vácuo no seu interior. Castells (2005) reflete sobre as transformações mundiais de paradigmas de poder e organização sociopolítica. O sociólogo argumenta que as definições são resultantes de uma mundo dividido por dois blocos de poder. Por um lado, o soviético, com uma matriz de desenvolvimento social e ideológico influenciado pela teoria comunista de Karl Marx, em que a sociedade estaria governada pelos sovietes que orquestravam, através do socialismo, os meios de produção, as relações de produção e todo o aparelho político de poder, tendo em vista uma socialização-nacionalização de toda a estrutura física e institucional do estado-nação. Por outro lado, o paradigma neoliberal, apologista do livre mercado e da pouca interferência do estado soberano sobre a sociedade, onde os meios de produção fossem privados, e em que as instituições soberanas fossem reguladoras distantes de um mundo que funcionaria por si só, tendo em conta o bem geral.

Para o autor, estes dois mundos criaram categorias como operário, patrão, assalariado e proprietário. Estas categorias que, por um lado, tornavam as massas historicamente determinadas em mudar o mundo e, por outro, os povos livres de enriquecer ou acumular capital para nosso proveito – mesmo que, paradoxalmente, fossem obra de um plano benéfico maior – foram categoricamente ultrapassadas pelos tempos atuais globalizantes.

Na verdade, o surgimento de uma revolução tecnológica no século XX, que continua até aos dias de hoje, deu lugar a uma sociedade global interconectada por redes digitais de informação, processo que levou a redes horizontais de troca de informação. O povo de todo o mundo, ou de quase todo o mundo, foi "varrido" por esta nova realidade e usou estes mecanismos para autoproclamar uma nova identidade, um novo *self*, um novo mundo de significâncias, uma nova visão de mundo, logo um novo planeta.

Este processo dá origem a uma sociedade onde os consensos planetários são propagados como se fossem os únicos possíveis. Quando falamos de autoridade e poder, poderíamos remeter para uma visão do estado de direito moderno, mas este mundo global conectado por estas redes digitais implica uma reavaliação do paradigma.

É nossa convicção que se, de facto, Castells tem a sua veracidade quanto a esta sociedade de informação; se Negri tem validade na sua argumentação de que o estado jurídico internacional é a face mais visível e significante da globalização; se Boaventura tem cientificidade na sua análise, ao indicar um mundo global com uma desigualdade de processos benéficos para a população do planeta, criando desta maneira um barril de pólvora, então podemos ambicionar hipotetizar uma nova ruptura epistemológica mundial. Pois, se a dominação é planetária, a revolta contra a mesma será global.

Contudo, para mudarmos o mundo, teremos que conhecer e aprofundar mais o conhecimento sobre ele. Na verdade, tal estudo tende para esse patamar de inteligibilidade, pois sabemos que o mundo está a mudar em conjunto.

Paradoxalmente, temos a noção da profunda e desigual distribuição do planeta em que os mais poderosos – logo, os maiores proprietários dos meios de produção e, consequentemente, mais capazes de forçar os seus pontos de vista sobre outros – são os que continuam a acumular mais "riqueza".

A questão coloca-se em entender o *statu quo* que, por definição, é uma constante fonte de poderes conflituosos entre si. Partindo do pressuposto de que os novos cidadãos do mundo construíram e usam as novas redes globais de informação e interação, temos que nos questionar se, de facto, existe esta intencionalidade de uso das redes por parte de toda a população.

Uma coisa é afirmar que os cidadãos, divididos em grupos de interesse privado ou na forma de uma ideologia ou contrato social, usam com consciência estes novos mecanismos tecnológicos; outra questão é afirmarmos que, devido à evidente instrumentalização destes meios de informação por parte de uma porção reduzida da população mundial, o globo não está, de facto, transformado numa sociedade global.

O outro esquema de interpretação define o *statu quo* como fruto de um sistema onde um grupo minoritário controla a produção do conhecimento científico e informacional, logo controla o poder. Este tipo de sociedade difere na sua materialização. No mundo chamado desenvolvido, a realidade social e os *mass-media* estão interligados e, de facto, conectados na sua totalidade; as relações de poder são determinadas pela troca informacional vigente que, à semelhança da ordem imperial de Negri (2006), investe na concordância deste consenso.

O contrato social é transfigurado, a validação de ações que deveriam ser do foro público e político passam a ser efetivadas mediante estes consensos que carecem de legitimidade democrática; o que as populações fazem com esta interação é a sociedade em rede.

Mas podemos argumentar que este modelo de poder comunicacional se esbate com a falta de verificação empírica por parte de quem faz estas análises. Castells (2005) defende o carácter empírico de uma investigação, mas, quando defende que a sociedade em rede dita como os novos contratos sociais planetários são feitos, esquece-se da análise materialista da História feita por Marx (1848).

O mundo sob a perspetiva materialista, que aprofundaremos no segundo capítulo, é um mundo que não se compadece com esta indefinição conceptual que consideramos que Castells interpõe entre o leitor e o investigador: que sociedade em rede? O uso dessa mesma sociedade por parte do mundo? Que rede social? Que mundo?

O mundo romano, que se estendia até ao Mediterrâneo, o mundo Inca que se integrava na Amazónia e aí tinha o seu tempo, as concepções do mundo pós-moderno colidem com os próprios pós- modernos que admitem a análise materialista da História. A luta de classes marxista é clara quanto a este tema: quem tem os meios de produção e a propriedade privada determina as relações de poder que advêm desta disposição de forças (Marx, 1848).

A sociedade em rede é a consequência destas formas de poder e de posse dos meios de produção, que poderão ter-se transfigurado na sua forma com o surgimento de uma indústria multinacional da informação; mas a análise histórica materialista persiste.

Vejamos, de novo, o caso peruano que, na década de oitenta, viveu uma guerra civil onde milhares morreram. O início da guerra em 1981 deu-se com ações violentas contra o aparelho do estado e ações de propaganda ideológica por parte dos insurrectos.

A resposta do estado foi pronta, quando impôs regras de censura e implementou uma política de pensamento único com palavras-chave que, muitas vezes, eram usadas pelos profissionais de jornalismo como: terrorista, terruco, índio, narcotraficante, comunista senderista.

Estas palavras são um exemplo do vocabulário que constitui a peça de uma política comunicacional do estado peruano que, juntamente com as cadeias internacionais de *mass media*, proclamavam ao mundo a verdade sobre os acontecimentos. Os grupos revoltosos identificaram esta guerra comunicacional e intensificaram uma ideologia ainda mais endoutrinante, reforçando o papel pedagógico das suas ações. Os guerrilheiros tinham palestras com as populações camponesas, aprenderam a falar a língua indígena, e tentaram integrar-se nas comunidades indígenas, o que não foi de difícil efetivação, visto que muitos eram já índios.

O que consideramos importante reter aqui é o esforço de criar uma orquestração nacional e internacional que materializasse uma realidade virtual sobre problemas sociais que tinham como origem a fome e a miséria juntamente com uma disputa territorial secular.

Os camponeses e os partidos políticos militarizados, que os apoiavam e representavam, exigiam terra para quem a trabalha, muito semelhante ao mutualismo de Poudhon (1842) em que era defendido o conceito de posse por quem habitava e trabalhava num espaço ou aparelho de produção.

Para os camponeses que sofriam o bombardeamento mediático e militar por parte do estado peruano, para os habitantes de Lima que também se viram entre esta guerra comunicacional e militar, a percepção de marasmo e de posições extremas deu lugar, em grandes franjas da população peruana, a um sentimento de simpatia pela causa camponesa. Não com os métodos de guerrilha nem com os carros-bomba, mas, paradoxal e surpreendentemente para nós e para o próprio governo peruano, o povo estava parcialmente solidário com as classes que eram chamadas de terroristas pelos *mass-media*.

1.8. A vida na selva

Este facto revela-nos que as condições materiais de um povo, nomeadamente a posse dos meios de produção de riqueza, bem como a partilha cultural numa sociedade solidária e equitativa são o motor da História. A luta de classes marxista e a percepção histórica a que tive o privilégio de assistir, quando vivi no Peru durante dois anos, e porque pude conviver com parte destes alegados narcotraficantes, deu-me o conhecimento empírico de entender que a posse da terra e dos espaços físicos de vida social são fundamentais para o entendimento da espécie humana e da palavra sobrevivência, pois o mundo globalizado é o resultado de um processo de sobrevivência.

Durante estes dois anos que estive na região de S. Martin (Peru), pude observar de modo etnográfico e empírico as diferentes tonalidades de dignidade humana que constituem o mundo camponês da América Latina.

Fui integrado num projeto de transmissão tecnológica na Amazónia andina peruana. Este projeto contava com apenas um engenheiro ambiental, para percorrer grandes distâncias da selva andina com o intuito de ensinar o cultivo de café orgânico.

O café orgânico seria substituto da cocaína e deveria representar uma alternativa rentável para camponeses que cultivavam a coca há gerações. O argumento da sustentabilidade de cultivar café orgânico foi difícil de explanar para uma plateia que vivia no seu micro-cosmos social e se deslocava à vila uma vez por mês.

O projeto teve a duração de dois anos, tempo durante o qual a equipa envolvida – o engenheiro ambiental e nós – deu várias aulas de capacitação produtiva, realçando a importância de que o café ali produzido fosse, de facto, biológico.

No entanto, surgiram algumas questões conceptuais de difícil resolução. O entendimento do conceito biológico para esta população foi deveras lento. Como explicar uma realidade heterogénea em termos de produção agrícola, quando a população em questão conhecia apenas a realidade da cocaína?

Esta população, intitulada de S. Pablo pelos habitantes, estava a cinco horas de caminhada da estrada mais próxima, e o seu acesso poderia ser feito apenas por trilha. Os animais eram usados para todas as funções e a pesca representava uma boa alternativa para os anos de má colheita.

A sua população era de 650 indivíduos divididos em núcleos familiares numerosos, logo a proximidade era muito elevada entre os habitantes.

A transmissão da tecnologia produtiva foi lenta mas bem sucedida em alguns setores dos clãs da aldeia. Surpreendentemente, os mais velhos entendiam a vantagem de estar conectados com o mercado global e, por conseguinte, de se adaptarem aos consensos internacionais de produção. Os jovens, na sua maioria, queriam fugir da sua realidade e trabalhar nas grandes cidades.

Não obstante, o projeto foi implementado através de reuniões e capacitações de campo. As gentes de S. Pablo, sem terem noção do seu salto em frente ou retrocesso, tinham-se transformado em cidadãos modernos. Inconscientemente, estes indígenas passaram a jogar o jogo do império, promovendo expectativas, modelando as suas práticas culturais, em função de uma aceitação por parte do mercado. Subitamente, conversas que anteriormente eram sobre pesca e colheitas passaram a ser sobre a quotização do café e o preço por quintal do saco de café.

As relações com os intermediários que estavam nos postos da estrada passaram a ser pensadas e a ideia de criar uma cooperativa surgiu. O coletivismo da produção agrícola surgiu espontaneamente como arma garantidora de um povo que, aos poucos, descobriu a (fria) verdade de que não estava sozinho no mundo e de que todas as suas ações influenciariam, de modo recíproco, os atos dos outros. A globalização tinha chegado a este povo que, desconfiado, começava agora a jogar segundo os consensos internacionais.

Durante dois anos, pude observar empiricamente o que significava ter fome, medo, carência de medicamentos e ameaça de morte iminente. Estas populações, além de enfrentarem o perigo de uma fome generalizada, se as colheitas fossem fracas, enfrentavam (e enfrentam ainda) com mais perigo a possível hipótese de serem recrutadas para um movimento de guerra civil.

Na década de oitenta, o movimento Tupac Amaru e Sendero Luminoso operaram na aldeia em questão de modo fortíssimo e presencial. No entanto, a população evitava falar sobre esta circunstância, e a verdade observacional que nós encontrámos foi a de um povo ainda com medo da guerra.

A desconfiança era no mínimo legítima. Este povo já fora forçado a aderir aos paramilitares financiados pelo governo com o intuito de eliminar os "terroristas" e, posteriormente, fora castigada pelos guerrilheiros pela sua ação. Esta situação de ameaça foi e continua a ser um atentado a um eventual estado de direito democrático.

S. Pablo faz parte do estado peruano em termos formais, mas quem vive neste lugar sabe que a pertença a um estado-nação não implica liberdade, fraternidade e igualdade. A percepção de pertença a uma forma de soberania desfaz-se na realidade dos factos. A questão da total hegemonia do mundo globalizado é posta em causa, visto que aldeias como S. Pablo podem estar a fugir ao consenso da globalização, e mais marcante é, se o estiverem a fazer de modo consciente, sabendo da real possibilidade de fugir ao poder normativo da globalização.

Poderemos afirmar que, ao aderirem a este programa de internacionalização do seu café, estariam a aderir ao mercado e à comunidade mundial. No entanto, este povo é excluído e vítima da marginalização violenta, por condicionantes geográficas e conjunturais. Prova desta argumentação é o facto de, após termos saído da aldeia, relatos de outros engenheiros afirmarem que esta população em questão voltou ao cultivo da cocaína e adquiriu comportamentos anti-consensuais perante o mundo exterior.

É inevitável a integração destas populações da selva andina peruana como S. Pablo e da aldeia de Paraíso, que é constituída por cinco mil habitantes, e de acesso em dois dias de caminhada por trilha. Contudo, as especificidades culturais e geográficas tornam-se, neste caso, uma condicionante importantíssima na integração destes povos.

A globalização dos meios de comunicação chegará a estes povos, e já chega agora, de modo indireto. É, de facto, interessante observar a evolução de comunidades marginais e isoladas como esta, para entendermos outras formas de aculturação imperialista, diversas maneiras de ler e interpretar os consensos gerados pelos centros do império.

A máquina peruana de propaganda dos *mass media* falhou em parte, pois o povo, na sua maioria, repudiou o mandato de Fujimori, ditador sanguinário que suspendeu a democracia, efetuando um autogolpe, uma tomada de poder político através do poder militar, em nome da defesa de um estado nacional de "direito". Isto à semelhança das intervenções imperialistas dos capacetes azuis que foram e são efetuadas em África e por todo o mundo, sob o pretexto de manter a paz e respeitar os direitos humanos.

O estado peruano alegou defender estes consensos que moldam a ordem internacional, quando, na verdade, estava a matar e a torturar o seu próprio povo, recorrendo à tortura e à limpeza étnica. A globalização vive deste paradoxo em que a tentativa de atingir um estado ideal ou o imperativo categórico de Kant (1797) a nível global resulta em perversões de todo o tipo.

O poder poderá resumir-se à capacidade de impor uma ação ou opinião a outro ou a outros atores sociais que representam estruturas sociais (Castells, 2005). Esta tentativa de definir o poder, que é partilhada por Talcot Parsons (1967), implica o reconhecimento, a nosso ver, do princípio materialista analítico da História, logo da luta de classes.

A argumentação de que o poder e a sua efetivação implicam a imposição, ou em alguns casos a agressão física de um grupo por outro, define um cenário de luta de classes em que uns tentam recuperar a capacidade de determinar o seu destino individual e coletivo através das armas e da luta institucional democrática.

Os interpretadores contemporâneos deste processo da globalização assumem, a nosso ver, as dinâmicas sociopolíticas, económicas e culturais de outras vestes conceptuais. No entanto, o que pretendemos argumentar é o facto de que, por muito que o mundo tenha mudado – o que efetivamente se verificou –, os princípios explicativos das suas relações de poder, em grande parte, continuam os mesmos.

"O poder é relacional, o domínio é institucional" (Castells, 1996, 59): esta afirmação define este tipo de interpretação que situa as relações culturais e informacionais como exemplo da efetivação do poder, pois é através das ações quotidianas que os cidadãos demonstram ter incorporado as normas determinadas pelo contrato social vigente.

O poder dominante ou consensual materializa-se não apenas pelas instituições de soberania democrática mas também pelo dia-a-dia. Não basta ser o mais forte; na verdade, a prática cultural ganha um papel-chave nesta sociedade em rede e neste mundo global da era da informação.

As redes digitais de troca de informação, quer sejam de *mass-media* quer sejam horizontais, constituem uma dimensão do social que, paradoxalmente, implicam o poder e o domínio efetivo dos cidadãos. Em simultâneo, a possível contestação dos povos a esta ordem jurídica ou consensual poderá, única ou maioritariamente, partir desta plataforma digital de informação (Castells, 1996).

O cidadão está, segundo esta visão de *statu quo*, num ponto de não retorno, uma vez que a sociedade onde se encontra está num grau civilizacional do qual é impossível retroceder, e a hipótese de o fazer é impensável e tida como irrealista ou até terrorista.

Esta lógica de dominação mental e institucional que, hipoteticamente, foi sendo construída nesta pós-modernidade é, de facto, totalizante, e define um mundo de extremo conflito e de potenciais lutas sociais globais que, numa última instância, poderão determinar a nossa existência enquanto espécie.

Os povos, segundo esta visão de *statu quo* mundial, continuam a ter os seus interesses privados, de classe, religiosos, culturais e afetivos, e mantêm as suas antagónicas diferenças de pertença cultural, contudo o seu campo de batalha traduz-se nestas plataformas digitais em rede. A questão que Castells (2005) coloca é se, de facto, as fronteiras constitutivas de um estado-nação, em termos de espaço e tempo, – que são a génese de uma sociedade – se alteram dados os tempos globais.

Deste modo, as relações de poder dentro do estado-nação também se modificam. A administração da violência e a reprodução de normas culturais que, em última análise, se cristalizam em leis são alteradas pelo comércio global e pela revolução tecnológica; consequentemente, o poder efetivo dos órgãos nacionais de soberania é ameaçado e transfigurado.

Visto que a democracia representativa nacional já não seria a ideal, segundo Rousseau, que defendia a democracia direta, tudo é posto em causa. Se o estado-nação na sua concepção é posto em causa, seria um erro argumentar que o poder da soberania nacional, ou seja, de um povo sobre as terras onde vivem está extinto e relegado para outros centros de decisão normativa, política, militar e cultural.

Na nossa perspetiva, reconhecemos que as relações de poder de produção industrial, cultural, política e normativa são diferentes e distintas desde as últimas décadas, mas continuamos a argumentar e a verificar empiricamente que os povos, enquanto grupos, têm o poder final de decisão. Este poder situa- se acima das instituições dos quadros jurídicos e de todas as convenções ou consensos globais, pois continuamos a defender uma análise humanista da História, onde quem não tem as rédeas da sua vida imediata, quem não possui os meios de produção físicos e intelectuais, como a vida do dia-a-dia, não admite que tal situação se mantenha, e luta para que as relações de poder se alterem.

"By any means necessary" (Malcom X, 1955).

Os consensos globais, sustentados de modo maquiavélico pela máquina tecnológica e informacional, são de um poder fortíssimo, como já referimos, e dos quais já apresentámos exemplos, nomeadamente as Primaveras Africanas.

No entanto, continuamos a argumentar que esta dimensão informacional não é a dimensão que explica na sua totalidade as relações de poder e de produção capitalista. Não descortina as causas, muitas vezes mistifica as origens da desigual distribuição dos recursos mundiais, dando a ilusão que, de facto, se um povo, ou um grupo social, puder ter acesso e manipular corretamente estas trocas de informação, poderá ter acesso a um novo tipo de soberania e liberdade democrática.

Este ponto é fundamental na nossa pesquisa e representa a nossa maior angústia intelectual, que consiste em como dar uma explicação científica para o *statu quo* atual, que se apresenta tão trágico para os povos do mundo, e injusto na distribuição dos seus recursos. A igualdade, liberdade e fraternidade da Revolução Francesa, considerada o início das Luzes e da razão na Europa, servem-nos de guia, de matriz comparativa da origem da civilização que sempre perdurou pelos tempos.

Não obstante, consideramos que neste mundo pós-moderno ou moderno tardio é imperativo entender o que nos rodeia e criar uma física contemporânea ou um neo-realismo que, desta vez, seja capaz de alterar o equilíbrio de forças mundiais e, por isso, decidimos analisar estas várias definições de globalização, e continuaremos a fazê-lo neste capítulo de modo mais detalhado.

Tentaremos descortinar cada detalhe, auxiliados por autores de referência, para sabermos que problemáticas surgirão para a humanidade, que não é apenas a do hemisfério norte nem os centros do império, mas toda a humanidade que reclama a igualdade e a fraternidade para todos os povos do hemisfério sul, dos periféricos lugares da globalização que não vêm o milagre tecnológico nem sentem os seus benefícios, de todos os famintos de comida e intelectualidade que ousam saber.

1.9. A soberania democrática

Para este efeito, pretendemos explorar a ideia da perda de poder do estado-nação, porque é pertinente observar este processo na estrutura jurídico-político-militar global. A este propósito, Castells afirma que os países soberanos estão agora num mundo em que as suas relações institucionais são em rede e obedecem a outros cânones de espaço e de tempo.

No entanto, nesta sociedade em rede, com o avanço tecnológico e a interconectividade dos povos e instituições, os estados e as sociedades perdem a sua unidade territorial de poder, porque as interações sociais e culturais que moldam o poder são globais e obedecem a consensos planetários.

Partindo da legitimidade – que é discutível segundo Boaventura (2001) e Negri (2007) – destes consensos planetários, os Estados-nação perdem o seu poder exclusivo em impor um centro normativo-político e militar dentro da sua geografia original moderna. Desta maneira, as redes globais são fruto de uma estrutura capitalista neoliberal, constituindo os centros normativos de todos os Estados-nação do mundo e, paradoxalmente, continuando no domínio do global. O Estado continua a ter uma grande importância no xadrez internacional.

Prova desta intrigante diminuição da importância dos Estados-nação de matriz moderna é a adesão por parte de países soberanos a inúmeras organizações supranacionais nomeadamente a ONU, OMC, FMI, que impõem ou pressupõem um acordo consensual sob certas formas de agir económica, social, cultural e politicamente dentro do seu próprio domínio enquanto Estado, e em rede com os outros membros da comunidade internacional.

Por outro lado, a soberania e o papel da democracia, enquanto modelo social constituído com o intuito de definir uma sociedade com mais liberdade, igualdade e fraternidade, tem vindo a ganhar mais relevo e teve sempre a sua importância crucial nos destinos do mundo e dos respetivos mundos nacionais.

Para Karl Polany (1944), a ascensão dos EUA no panorama internacional deveu-se a uma ambígua política económica, que proclamava nos consensos internacionais o livre mercado e, por outro lado, impunha medidas protecionistas para as suas próprias empresas a nível interno e externo. O autor demonstra, com uma admirável pertinência, através de estudos a contradição dos consensos mundiais com a realidade económica nacional e o imperativo em agradar e cumprir um contrato social nacional.

A soberania é, na ótica de Montesquieu segundo Denis,(1978) uma divisão de poderes, tais como judicial, legislativo e jurídico em que os indivíduos delegam uma série de competências num governo, para que este administre e proteja os seus interesses. Quando o contrato não é respeitado, o povo terá a legitimidade de romper com as relações de poder institucional e depor, sob qualquer meio, o poder executivo, legislativo e judicial.

Poder-se-á argumentar que, com esta sociedade em rede, os interesses coletivos de um povo se espalham sobre o globo em várias zonas de influência, visto que muitos cidadãos são transnacionais (Boaventura, 2001), logo têm formas de exercer poder quer localmente quer globalmente. Contudo, não obstante esta característica local-global de todas as sociedades contemporâneas, é, de facto, interessante observar que grande parte destas populações não estão sob a real efetividade do poder supranacional.

Considero que é prematuro, por parte de Castells e outros, afirmar tão apaixonadamente o surgimento de uma realidade virtual global, quando dados da ONU nos indicam que o acesso a estas tecnologias é ainda limitado, tendo em conta a população mundial. Mesmo em muitos casos, é nossa convicção que a capacidade de descortinar as significâncias desta nova rede digital, logo os poderes, é limitada.

Surge uma nova alienação com a era digital. Os info-excluídos já têm o privilégio de estar nessa posição de ter acesso a esboços de tecnologia, no entanto a real consciencialização do poder destas redes digitais fica por provar, não obstante recentes revoltas sociais que, alegadamente, foram originadas por estes meios de comunicação.

Seria interessante observar o resultado a longo prazo destas revoltas, supostamente originadas por estes meios comunicacionais. O estado-nação é, de facto, na nossa opinião um ator institucional permanente no conselho de decisão mundial. Vejamos, na análise de Polany que os EUA delinearam e continuam a delinear políticas protecionistas relativamente à sua economia, nomeadamente o NAFTA, que impõe privilégios comerciais aos EUA, no sentido do livre acesso das economias sul-americanas que, por falta de capital financeiro e cultural, não têm hipótese de competir com as multinacionais norte-americanas.

Os processos protecionistas poderão ser uma apologia do livre mercado e constituem, muitas vezes, o discurso de quem quer que o *statu quo* permaneça. A própria promessa do liberalismo económico de Smith (2009), e do livre mercado neoliberal contemporâneo cai por terra, quando observamos que a liberalização da economia em todos os setores conduziu a uma concentração nunca antes vista de capitais industriais, financeiros, banqueiros e informacionais.

Atualmente na crise financeira que o mundo vive, ou virtualmente proclama viver, observamos que grandes corporações atingiram um grau de acumulação de capitais e de poder nos respetivos setores que representam o monopólio global.

Os monopólios globais que, transversalmente, dominam todas as áreas da sociedade global são vistos como uma perversão do mercado livre e de toda a doutrina liberal económica.

Segundo Adam Smith, a livre concorrência e o livre confluir do interesse próprio iria originar mais riqueza e uma sociedade exponencialmente mais rica, pelo menos esta é a interpretação mais recorrente do autor sobre esta temática.

No entanto, o que verificamos é o monopólio e a multinacionalização dos aparelhos de produção, das relações de trabalho, das construções de significâncias sociais que, paradoxalmente, são globais e locais, e obedecem a interesses multilocalizados, sem que nunca se perceba qual o centro normativo. O que nos parece evidente é a permanência da desigual distribuição da propriedade privada e dos meios de produção: quem tem e quem não tem.

O resto das análises que se apresentam como pós-modernas e alternativas pertinentes são contributos fundamentais para descortinarmos o que faz mover, de facto, os motores da História e, em última análise, o que faz originar a criação de mais igualdade, liberdade e fraternidade.

O intuito deste capítulo é expor várias abordagens do fenómeno de globalização, pretendendo refletir sobre outras perspetivas de entendimento do mundo. Para o efeito abordamos Jean Ziegler (2005), que afirma que novos tipos de regimes, próximos da feudalidade, se estão a criar com esta nova ordem, nomeadamente as sociedades transcontinentais privadas da indústria, da banca e dos serviços de comércio.

Este mundo semi-feudal é caracterizado pela fome, pelo desemprego e por um terrível determinismo financeiro. A tragédia das dívidas soberanas que atualmente afeta a Europa já assola os países ditos subdesenvolvidos há décadas. Logo após a descolonização, estes países livres tornaram-se subitamente devedores para um sistema financeiro mundial, numa ironia do destino, pois foi este sistema que os escravizou durante séculos e que, finalmente, os libertou das suas amarras pelo menos políticas.

A nova situação de descolonização impôs, segundo Nkrumah, um tipo de neocolonialismo que se traduz e tem como arma poderosa a dívida e os empréstimos das agências supranacionais. Estas nações deparam-se com uma questão inerente a todas as sociedades humanas e que se traduz na necessidade de definir um conceito de satisfação ou de saciedade intelectual e física.

Segundo Karl Marx, o ser humano, ao longo da História, desejou e construiu desejos materialistas e intelectuais que roçavam a virtualidade e o imaginário em alguns dos casos; noutros o imperativo de comer era e é evidentemente primordial e legítimo.

Esta linha de argumentação pressupõe que as necessidades dos indivíduos em termos históricos sejam alteradas devido a mudanças de paradigmas culturais e conjunturais. O Homem, nos tempos primitivos, tinha a preocupação de encontrar raízes e a caça como meio de sobrevivência. A maior preocupação consistia em manter a sua integridade física e garantir a posterior propagação da espécie através da reprodução e, consequentemente, da criação de laços familiares.

Foi através desta imperativa vontade de sobreviver que o Homem se organizou e expandiu as competências dentro da própria espécie, alargando o domínio planetário às outras espécies. Ziegler (2005) argumenta que, de facto, com a revolução industrial e a entrada da civilização europeia e mundial na era mecanizada de produção, foi resolvido o problema da fabricação de alimentos e bens materiais para corresponder à procura real e efetiva dos povos da terra.

Se existem – como mostram os dados da ONU – recursos primários e de valor acrescentado ou comercial para alimentar e entreter todos os cidadãos do mundo, por que motivo a fome continua a atingir a maior parte da população? A desigual distribuição das riquezas mundiais torna-se evidente e paradoxal. Neste sentido, a escassez dos produtos e matérias-primas funciona num esquema orquestrado para definir os preços mundiais e dar um lucro exponencial, de forma concentrada e monopolista, àquelas que detêm os meios de produção, as multinacionais.

1.10. A transformação constante

Estas corporações financeiras que ditam uma definição de globalização fazem todos os esforços para que certos produtos sejam escassos e raros, quando, na verdade, são abundantes e teoricamente acessíveis a todos os indivíduos com fome deste mundo. Prova disso são as quotas para produção de alimentos agrícolas que a Europa impõe a todos os estados-membros com o intuito de retrair a produção e estabilizar o preço no mercado interno e externo, fora do espaço europeu.

A perversidade destas medidas resulta do facto de grandes franjas da população europeia e mundial se apresentarem com grandes carências económicas e nutricionais. Veja-se o caso da Grécia, em que, desde há décadas, não se viam tantos casos de subnutrição infantil nas escolas.

"O avanço civilizacional que, na Europa, deu dignidade a um conjunto minoritário mas meritório do mundo, os europeus, é agora posto em causa. No centro do império, esta lógica é por si só perversa. Nos países ditos subdesenvolvidos, a fome mata milhares por ano e origina outras tantas guerras. Hoje podemos dizer que a miséria atingiu um nível tão significativo como nunca tinha tido em toda a história da humanidade" (Ziegler, 2005, 38).

Esta afirmação fundamenta-se na observação empírica e informacional, mas este autor vai mais longe ao afirmar que *"10 milhões de crianças com menos de cinco anos morrem todos os anos de subnutrição, de epidemias, de poluição das águas e sua insalubridade. 50% destas mortes ocorrem nos seis países mais pobres do planeta. Os 42% dos países do hemisfério sul abrigam 90% das vítimas"* (Ziegler, 2005, 42).

Estas crianças, segundo esta argumentação, morrem devido a uma ilusória e artificial falta de alimentos, pois, como já observámos, as nações industrializadas produzem em excesso estes bens e apenas por estratégia inflacionista e financeira optam por regular os preços através da escassez.

Ziegler denuncia a realidade de 850 milhões de adultos que são analfabetos e 320 milhões de crianças em idade escolar com nenhuma possibilidade de frequentar uma instituição de ensino. Se, de facto, estes dados correspondem à realidade, podemos ferir de morte a teoria da sociedade em rede que argumenta a integração quase total do universo humano (Ziegler, 2005).

Continuamos com as constatações estatísticas consultadas no site das Nações Unidas para definirmos este mundo globalizado, e poderemos constatar, juntamente com Ziegler, que há quarenta anos 400 milhões de pessoas sofriam de subnutrição permanente e crónica; hoje são 842 milhões (Ziegler, 2005).

Por outro lado, apesar desta carnificina de seres humanos, as sociedades multinacionais continuam a ter lucros astronómicos. Mais preocupante é verificar que em épocas de crise económica e política estas instituições maximizam os seus lucros. Para Ziegler (2005), desde 2001, que as quinhentas transnacionais mais poderosas do mundo tiveram uma subida de rendimento em 15% em França por ano, e 15% nos EUA.

"Os meios financeiros destas sociedades excedem em grande escala as suas necessidades de investimento: a sua taxa de autofinanciamento chega a atingir os 130% no Japão,115% nos EUA e 110% na Alemanha." (Ziegler, 2005, 40).

Esta conjuntura implica as interrogações do porquê da não implementação de projetos sociais, alimentares e de infra-estruturas industriais e tecnológicas nos países ditos subdesenvolvidos, de modo a reduzir este flagelo da fome e do analfabetismo.

Se, de facto, esta globalização constitui uma acumulação de poder político-normativo e material nunca antes verificada na história da humanidade, qual será o motivo para condenarmos a maior parte da população do planeta à precariedade e a uma vida cheia de promiscuidade, pobreza e exclusão?

Persiste a dúvida sobre a bondade humana e a pergunta clássica de Rousseau e de todos os filósofos iluministas que questionavam o carácter inato do Homem. Para Rousseau, o homem nascia bom e seria corrompido pela sociedade.

O estado mais complexo da sociedade civil, em que o dinheiro e a propriedade privada se posicionavam como valores dominantes, levaria à sobreposição de um espírito egoísta animal de pura sobrevivência, que conduziria a uma sociedade corrupta e desumana. Segundo esta perspetiva, a sociedade deveria desenvolver-se sob os ideais da igualdade, fraternidade, liberdade, e sob este paradigma desenvolver uma sociedade tendencialmente equitativa. No entanto, o mundo parece doente e profundamente injusto.

O carácter etnocêntrico das análises europeias das colónias dos séculos XVI-XVII apresentava uma fragilidade conceptual, porque chocava com a evidência empírica da real paridade do género humano e de todas as culturas.

Esta visão etnocêntrica, ao ser abandonada, deu lugar a uma visão pós-colonial ou não racista. Esta substitui o racismo colonial antigo bem como a teoria da superioridade europeia branca sobre os outros povos, por um sistema de diferenciação cultural, anteriormente referido. Este sistema de exclusão cultural implica a não partilha de valores comuns, imperativos para o consenso da globalização.

Contudo, consideramos que a natureza geográfica, ou melhor, o determinismo geográfico que resulta em nascer no terceiro mundo, em vez de na Europa, implica uma condenação a trabalhos forçados num campo de concentração, onde os direitos que "nós" julgamos e proclamamos universais e inscritos na Declaração dos Direitos Humanos são apenas passíveis de imaginação pela maioria da população.

O caso africano é o mais gritante dos efeitos nefastos da globalização, e faz-nos refletir sobre o conceito de violência estrutural de Ziegler (2005). Esta análise conceptual argumenta que a constante conflitualidade militar e cultural, apanágio de grande parte do mundo, ou seja, do mundo subdesenvolvido, é uma violência que não tem como finalidade nem acabar nem alcançar uma paz duradoura.

A guerra social é algo inerente ao género humano, no entanto o que esta ordem global nos impõe é uma desigual e anti-democrática distribuição do mundo. Segundo Saramago (2005), numa conferência proferida com Milton Santos, o importante é discutir a democracia enquanto sistema representativo político como garante de uma existência sob os cânones da dignidade humana, e não discutir modelos da alta finança económica que não são passíveis da humanidade exigida pelos povos do mundo.

Boaventura de Sousa Santos, a este propósito, questiona-se acerca da saúde da democracia no intuito de definir o *statu quo*. Neste sentido, o sociólogo argumenta que *"tal como nos últimos anos a exploração desenfreada dos recursos naturais nos fez perder biodiversidade, também a monocultura do liberalismo da democracia eleitoral nos fez perder a demodiversidade"* (2011,101).

Este autor argumenta também que o século XX foi palco de várias formas de democracia, no entanto, com a homogeneização do mundo, a queda da Guerra Fria fez com que os regimes políticos europeus e mundiais fossem vítimas de uma uniformização dos modelos a seguir para se organizarem em democracia (Boaventura Sousa Santos, 2001).

A representatividade burguesa, fruto do estado de direito rousseauniano, foi o tipo que prevaleceu, e chegámos ao século XXI com democracias representativas do modelo francês.

Este contrato social é, na sua essência, representativo, pois constitui-se de elementos de soberania eleitos e legitimados pelo voto. Os povos europeus terão escolhido esta forma de organização política e, posteriormente, tê-la-ão exportado para todo o mundo.

Os estados em rede de Castells foram-se tornando iguais muitas vezes na sua inércia em satisfazer os requisitos iniciais: igualdade, liberdade e fraternidade. *"Nas condições de partidocracia em que vivemos, o impulso para estas formas de democracia participativa tem de ser gerado na sociedade. Suspeito que a reforma profunda do sistema político aqui proposta não possa ser levada a cabo no estrito intra-muros do parlamento"* (Boaventura, 2011, 104).

Nesta afirmação verifica-se que, de facto, as democracias ocidentais de carácter parlamentarista burguês estão esgotadas na sua legitimidade e eficácia. O sociólogo argumenta que existe um défice de representatividade apesar de, paradoxalmente, estarmos numa democracia representativa. Será que a burocratização da representatividade produziu um resultado perverso em que os cidadãos foram excluídos da decisão e fiscalização do aparelho de estado?

Seguindo este padrão de análise, a democracia atual exclui a maior parte da população ou grandes franjas da população, no intuito de impor um consenso e uma noção de lei que, alegadamente, favoreça grupos minoritários e, muitas vezes, os proprietários do mundo e microcosmos social em que vivemos.

A sociedade civil surge aqui como uma arma ambígua e instrumentalizada pelos dois pólos de poder nesta equação: sociedade civil e os seus interesses privados versus governo e órgãos de soberania.

A sociedade civil é constituída por grupos sociais étnicos, religiosos, de género e de todas as categorias passíveis de análise sociopolítica; no entanto, existe um ponto analítico comum a todos estas correntes de observação que diz respeito ao seu objeto de estudo: o ser humano.

O ser humano sobrevive em sociedade, nomeadamente no padrão dominante é a democracia ocidental, lsenfo necessário distinguir a diferença entre teoria e prática. A teoria que sustenta um estado de direito europeu é a génese da contemporaneidade que defende um poder maioritário da população e uma liberdade do indivíduo, intelectual e física, que é igual perante a lei.

A sociedade constituída em órgãos soberanos manifesta a vontade do povo maioritário que elege e cria uma constituição. Este tipo de sociedade tem, teoricamente, um propósito que, enquanto investigadores sociais, apoiamos, eventualmente por ser essa a nossa formação ou formatação.

Esta teoria esbate-se na análise empírica e nos dados estatísticos, já aqui apresentados, e demonstra, através de uma percepção materialista da História, que a desigual distribuição dos rendimentos, recursos alimentares e da terra continua a ser uma realidade facilmente verificável. O défice democrático de que falamos decorre da falta de poder decisório que a sociedade civil tem atualmente e, paradoxalmente, do exponencial poder da sociedade civil neste momento. A sociedade civil é, de facto, um setor desta sociedade mundial que poderá reformular as instituições e as redes de poder, e, desta forma, reformular uma soberania planetária que demonstra ser ineficaz nos resultados, e fria em alguns casos na relação com os seus próprios cidadãos.

A participação nos orçamentos municipais e, em última análise, no orçamento de estado através de consultas populares seria aprovada. Esta forma de contemporaneização das estruturas democráticas seria também possível, se os responsáveis políticos fossem responsabilizados. Na verdade, a impunidade é apontada como uma das grandes falhas ou cancros dos sistemas políticos vigentes.

A classe política, nacional e mundial, goza de imunidades diplomáticas e estatutárias que, muitas vezes, servem de refúgio para eventuais infratores convictos. O fenómeno da corrupção é exponenciado por esta impunidade, e o sistema legal e a própria vontade política carecem de celeridade para realmente exercer a justiça junto daqueles que quebram o contrato social.

O caso português é exemplo disso: inúmeros autarcas acumulam funções, cargos e escândalos, mantendo-se tranquilamente no ativo, tendo coragem para desafiar a autoridade soberana e as suas instituições em direto na televisão. O microcosmos português serve de laboratório e de metáfora para este fenómeno da globalização.

Para Boaventura de Sousa Santos, a resolução desta crise democrática divide-se em vários níveis e diferentes soluções. As elites políticas que tomaram as rédeas do poder neste novo século deveriam ter uma abordagem mais humanista, em que a igualdade, a liberdade e a fraternidade fossem as suas traves mestras.

Achamos que as novas elites políticas devem, de facto, ter outra forma de fazer a política, nomeadamente dar mais valor ao homem enquanto centro do universo em oposição aos mercados económicos como centro das prioridades. A política entendida como exercício da soberania, destinada a dividir a riqueza e os deveres pelos cidadãos – esta é a fórmula que as atuais classes negligenciam e pervertem.

O que observamos na atualidade é a tomada de decisões políticas e económicas que destroem os direitos e as dignidades da maior parte da população mundial. Paradoxalmente, estas decisões estruturais, tomadas por estes grupos transnacionais alegadamente soberanos, são-nos apresentadas como justas e fruto das nossas vontades. O império encontra estes consensos e apropria-se do regime democrático, tornando-o uma antí-tese da liberdade cívica e universal.

A nova elite política deveria inverter esta tendência de modo a conter o avanço neoliberal de que o mundo realisticamente padece. A questão que aqui se coloca é se a democracia representativa existe efetivamente, e se não estaremos a viver numa ditadura ou num novo regime medieval europeu, em que os povos maioritários são impotentes e incapazes de decidir o seu futuro.

O carácter cultural da multiplicidade étnica da revolta ou da construção desta alter-globalização é, quer queiramos quer não, um símbolo de um mundo interligado. A diferença entre raças e pretensas distinções raciais baseadas na genética está ultrapassada e é considerada pouco credível.

No entanto, observamos que em todas as conjunturas humanas existe uma propensão para a diferenciação entre géneros, raças – cor do cabelo, cor da pele –, e todas as categorias imaginárias possíveis.

Este paradigma sustentava-se em dogmas conceptuais, pretensos dados científicos de diferenças qualitativas de raça e em vários argumentos considerados ridículos e ofensivos atualmente. Agora, o novo tipo de racismo é uma exclusão social que resulta de diferenças culturais, como originalmente; se, por um lado, afirmamos que o racismo racial terminou, é também legítimo afirmar que este fenómeno está mais forte do que nunca.

A sociedade civil, nomeadamente os sindicatos e estruturas que defendem os direitos dos trabalhadores, deve ser independente das estruturas de poder institucionalizado, deve construir redes de soberania e poder autónomos, mas igualmente legítimas pela concordância e validação dos povos. Milton Santos (2000) denuncia a urgência do aprofundar de redes alternativas de soberania através dos clássicos, mas sempre fundamentais, sindicatos e através das ONG e associações de cidadãos, para que possam construir um outro poder que, gradualmente, substitua o atual, que se encontra acomodado e burocratizado.

O poder do povo e a potencialidade desse mesmo poder neo-soberano é uma nova definição de globalização por si só.

A parte da sociedade que não está politizada nem participa nas ONG e associações que constituem a dita sociedade civil é uma incógnita; esta população deixa apaticamente o rumo da História nas mãos de um sistema, de uma ideia ou de uma classe política que é vista como a única possuidora das chaves do poder.

Em alguns casos, esta massa de pessoas acumula, além da apatia, um sentimento de hostilidade para com qualquer forma de organização com fins políticos, e o aparelho da representação é visto como a origem da corrupção. Esta perspetiva sobre a vida coletiva dos povos é perigosa; a partilha destes estados de alma sociais pode levar à aceitação de regimes totalitários com o argumento de que todos os políticos são corruptos e a inevitabilidade de um governo forte.

Muitas vezes, o conceito de governo forte é mistificado e instrumentalizado por classes dominantes que demagogicamente levam um povo a aceitar o seu carrasco ditatorial. O povo é a origem da soberania e só com soberania se pode governar justa e eticamente.

Partindo deste pressuposto, como podemos enquadrar a margem populacional que não quer ou não sabe participar na esfera política e da sociedade civil?

A resposta a esta questão passa por uma imperativa vivência empírica dentro destes microcosmos sociais. Entender a origem do descontentamento de todo um padrão social é um verdadeiro desafio, mas podemos prever alguns resultados perigosos, se esta análise for menosprezada.

A população que não joga no contrato social não sente uma legitimidade no poder instituído vigente, nem se sente implicada moralmente com o mesmo. Além disso, terá atitudes de desafio e de quebra do pacto social. E, na verdade, a quebra destas regras pode atingir uma escala de violência urbana e, em último caso, de guerra civil generalizada.

No caso europeu, vemos que, de facto, as ONG e as associações, em rede e em teia, constroem um espaço na arena social. O movimento dos indignados, que tem a sua manifestação no território português e em todos os países europeus, cada um na sua específica identidade, é um movimento interessante, mas simultaneamente uma desilusão.

Movimentos como o referenciado e outros que desafiam a ordem estabelecida, por proclamarem mensagens alternativas e críticas do poder vigente, não conseguem mobilizar tanto as populações como seria desejável. Pode-se argumentar que a população maioritariamente jovem e despreocupada que constitui estes movimentos é incapaz de chegar a um alvo social que é a grande classe média dos seus países.

A mensagem é demasiado radical e revoltosa para uma classe que está, alegadamente, adormecida por bolsas de crédito e de pretensos privilégios que o sistema democrático lhes dá. No entanto, verificamos que, nem nas camadas mais pobres, estes movimentos sociais, ditos de vanguarda, conseguem comunicar. A maioria do povo das camadas sindicalizadas da sociedade e dos operários só parcialmente adere a estes movimentos.

A famosa "esquerda caviar" quebra o movimento de luta popular e estabelece involuntariamente pontes e muros que bloqueiam o acesso do povo comum à decisão e participação nesta nova e alegada soberania. Se, de facto, estes novos movimentos são a esperança por termos outra globalização, então os mecanismos de comunicação e de transparência institucional democrática devem ser estabelecidos acima de qualquer suspeita sem cair apenas numa onda paternalista.

Estes movimentos têm a missão paradoxal de prever e, perversamente em alguns casos, de conter a revolta que, sem os mesmos, seria imprevisível para os poderosos. Este paradoxo surge em muitas sociedades europeias, que criam estas contestações alternativas, quando, na verdade, se torna evidente uma falta de rumo ou de alternativa organizacional por parte dos mesmos, com o intuito de originarem uma sociedade mais justa e fraterna.

Pode-se dizer que, de facto, é melhor tentar do que não fazer nada; é legítimo argumentar que a ação é sempre melhor que a inacção. Nós consideramos que, antes de se intervir nesta sociedade global, com o intuito de a mudar, é necessário estudar e viver os problemas de forma empírica para os compreender na sua totalidade.

Este regresso ao trabalho empírico e de campo serve para exprimir uma análise mais correta e possível da sociedade, que nos parece ser de saudar. Uma ruptura epistemológica é sempre de apoiar, e deve ocorrer de modo cíclico. No entanto, a ação social deve ser tomada com toda a responsabilidade por quem a faz e com o objetivo de servir uma causa maior: a causa pública e o interesse geral.

Muitas vezes, estes movimentos ditos alternativos são opositores da vontade do povo e perpetuam uma lógica que, alegadamente, diziam combater: a lógica da corrupção, da desonestidade intelectual e da instrumentalização da vontade soberana, logo da alternativa a uma soberania capitalista neoliberal, que vicia e deturpa a representatividade social e institucional.

Contudo achamos que movimentos como Ocupa Wall Street e os Indignados portugueses são um fenómeno que poderá ser parte de uma alternativa democrática para estes territórios ditos desenvolvidos, sempre com a ressalva de observar vigilantemente a ocorrência de práticas de corrupção intelectual e clientelismo por parte destes grupos, o que seria uma traição ao povo e aos pressupostos criados por uma nova soberania democrática.

Boaventura (2001) afirma que estas novas formas de soberania são uma forma de resistência de criação de um contra-poder , no entanto o sociólogo alerta para os perigos desta aventura social que pode gerar resultados piores do que os desejados.

"Tenho defendido que o sistema político, tal como o conhecemos, é uma parcela muito limitada da vida das sociedades e que estas só se democratizarão verdadeiramente na medida em que a democracia extravasar do campo político convencional e se estender a todas as áreas da vida social onde se tecem as relações de poder" (Boaventura, 2001,107).

Esta argumentação, partilhada por grande parte dos teóricos da globalização, que defende que a sociedade civil será a grande reformadora de formas de soberania, numa participação mais próxima dos cidadãos com as consultas referendárias e comissões locais de democracia é apontada como o caminho a seguir.

Contudo, para desenvolvermos uma sociedade civil mais eficaz, mais representativa, mais alerta, em que os limites e direitos constitucionais sejam respeitados, devemos ter um estado forte que reflita as vontades do povo maioritário, e em que o alerta da inconstitucionalidade seja dado por estas organizações e o estado de direito seja salvaguardado.

Poderá ser percepcionado como contraditório argumentar que a sociedade civil deverá ser a frente materializada de uma revolução ou de reformulação para que o statu quo mude, e em simultâneo exigir a imperatividade de um estado cada vez mais forte.

O estado mais forte, nesta perspetiva, é um estado com mais formas de representatividade do que aquelas da delegação de poderes quando o voto ocorre nas democracias ocidentais. Os referendos e todas as sugestões apontadas pelas ONG e associações, nomeadamente as próprias instituições da sociedade civil que encabeçam, devem estar todos presentes num estado forte. São estes elementos que constituirão a grande revolução para os povos do mundo.

Pretendemos refletir sobre o facto de que o estado-nação, enquanto herança do Modernismo francês, é uma forma institucional que pode auto-conter as novas formas de participação cívica, que, na sua génese, são apenas o cumprir de conceitos já garantidos constitucionalmente: liberdade, igualdade e fraternidade.

O estado, nesta perspetiva, seria um fator de reformulação das instituições internacionais de dentro para fora, a reformulação do estado-nação e das dinâmicas de representação política inerentes e poderá representar uma força de mudança que, numa rede de estados pós-modernos, poderia transfigurar a realidade jurídica, económica, política e cultural do planeta.

O império está nas mãos do povo maioritário, e sempre esteve. Quem habita um espaço, segundo Proudhon, é legítimo possuidor do mesmo. O sentimento de posse mutualista e anarquista denuncia esta situação em que os indivíduos são soberanos e donos do seu habitat no mundo global atual. O mesmo mecanismo de posse poderia ser ativo, devolvendo, desta maneira, mais poder aos cidadãos do mundo.

No caso português, *"somos uma sociedade polarizada entre uma pequena sociedade civil íntima habituada ao acesso fácil e privilegiado às instituições públicas e uma vasta sociedade civil estranha, a quem as instituições servem mal, e sempre selectiva, discricionária e distantemente"* (Boaventura de Sousa Santos, 2001,109).

A margem da população que não tem acesso ao poder nas suas variadas formas é a fonte de combustível para as ONG, associações e os movimentos Ocupa Wall Street, que se alimentam destas populações e catalisam esta sinergia para suscitar um debate construtivo, na maior parte das vezes, para que a representatividade e a construção de um estado mais forte seja possível.

O sonho e o modelo neoliberal americano e inglês é, aparentemente, oposto a um estado mais forte, anunciando a liberdade individual como o seu maior trunfo. A força divina do mercado e da concorrência supostamente dará resultados solidários e paz social. Por outro lado, vemos empiricamente, através desta crise global do capitalismo em que vivemos, a urgência de refutar este modelo económico e político, dando lugar a uma construção de um estado forte em democracia e representatividade. Um estado que, paradoxalmente, seja cada vez mais disperso e conecto em redes de opinião e debate político, para que as periferias e os centros passem a ser zonas conectadas e unificadas em dimensões de desenvolvimento iguais perante a lei e perante a evidência da observação empírica.

No entanto, no caso português vemos que, de facto, existe um acesso privilegiado ao poder por parte de certas camadas minoritárias da população. Isto representa uma perversa corrupção das ideias de Abril, que foram para nós, portugueses, e para muitos habitantes de África a grande Revolução Francesa dos nossos tempos e, consequentemente, a entrada na modernidade.

Portugal até há trinta anos estava mergulhado num regime semifeudal de carácter militar autoritário e fascista. O Estado Novo impôs uma Idade Média aos portugueses, que viveram na obscuridade do medo e da repressão. A soberania democrática era a antítese deste regime que torturou e cometeu limpeza étnica nas ex-colónias, em nome do contrato social que carecia, em absoluto, da sua legitimidade popular.

O 25 de Abril representou o acesso a uma modernidade contemporânea muito esperada pelo povo português que, aos poucos, aprende a práxis da democracia.

O voto é um dos instrumentos mais visíveis do sistema democrático, e a população esgotou neste recurso toda a sua vontade de poder decisório e de vingança histórica que queria impor a todos no coletivo social.

As esferas públicas subalternas traduzem-se na ação dos movimentos que, por diversos condicionalismos, se vêem excluídos do sistema participativo da democracia institucional. As ONG e as associações têm um papel revolucionário e fundamental nesta construção de uma nova soberania.

A reforma da justiça adquire uma importância significativa quando as instituições são transformadas por dentro. Em Portugal, pede-se muito uma reforma democrática do aparelho da justiça no sentido de tornar mais transparentes as relações entre privado e público (Boaventura Sousa Santos, 2011).

Esta reforma deveria separar as águas da promiscuidade que se tem verificado entre estas duas esferas do todo social; o papel regulador do estado não deve ser sobrestimado.

No entanto, um Estado forte é o garante de mais liberdade e da partilha dos direitos e deveres entre os contratantes do pacto social. Falamos de um Estado que, por um lado, garanta os direitos e interesses da maioria e, por outro, garanta as reivindicações e direitos dos trabalhadores e sindicatos, bem como de toda a sociedade civil que anseia sair da percepção de impunidade, e resolver disputas nomeadamente laborais que se arrastam há décadas.

A justiça é o pilar do estado de direito, pois dá a ilusão, e promove um consenso, de que as instituições e pressupostos da delegação de poder está bem delineada. A sensação de impunidade é algo que mina os alicerces da democracia e reaviva fantasmas antigos como os do saudosismo de regimes totalitários e fascistas, em tempos de crise.

Para fugir a esta tentação, creio que devemos ter uma sociedade mais forte em termos representativos. Mas como será possível alcançar este objetivo sem pôr em risco os próprios direitos já consagrados, para atingir ou, pelo menos, remar neste sentido?

Urge definir o *statu quo*.

A globalização é, por isso, um conceito explicativo fundamental da dinâmica interna e externa dos estados-nação. Se conseguirmos criar ou esboçar um sistema de análise social que permita chegar a conclusões eficazes do ponto vista da redistribuição social, então estaremos na direção certa.

Continuaremos, por este motivo, ao longo deste trabalho de pesquisa, a expor mais "gritos" de interpretação das mais variáveis dimensões do mundo global, nomeadamente do papel do Estado, da economia nacional e de um modelo transnacional económico que, em última análise, cria a conjuntura global.

"Se os tribunais não marcarem uma presença democrática num momento de crise, não se pode esperar que os cidadãos os considerem relevantes depois de a crise passar" (Boaventura, 2011, 112). Segundo esta afirmação, os tribunais enquanto órgãos de soberania deveriam ter uma consciência e sensibilidade democrática no sentido de pender a balança do lado do interesse coletivo das massas de trabalhadores que, sendo a maioria da população, merecem uma atenção privilegiada por parte destas instituições. Aliás, esta atenção dita preferencial é, de facto, apenas o cumprir de uma constituição que resulta de uma vontade soberana.

É delicado e difícil argumentar neste sentido, visto que o princípio de divisão de poderes é tido como válido e fundamental para os estados de direito, ditos democráticos e ocidentais. No entanto, a independência dos tribunais não deve resultar no abuso destas mesmas instituições.

Para determinar "quem abusa de quem", é urgente inventar os mecanismos de eleição e de nomeação destes organismos. Um Juiz e um Procurador da República devem ter a espada da soberania mais presente, devendo ser desenvolvido um controlo mais direto, através de referendos e consultas populares mais frequentes e localizadas para debater problemas específicos sobre o funcionamento do sistema judicial e governativo.

A *"democracia de alta intensidade"* de Boaventura Sousa Santos (2001) aponta no sentido de que os mecanismos de controlo democrático se tornem mais soberanos e representativos, para atingir este fim. Toni Negri (2007), Castells (2009), Stiglitz (2001) e Milton Santos (2000) bem como todos os grandes teóricos da globalização indicam uma crescente apropriação do espaço público por parte de organizações híbridas que, alegadamente, defendem interesses privados e coletivos dentro de um microcosmos social.

Estes grupos são de uma importância crescente dentro das maiores sociedades democráticas ocidentais, logo adquirem um poder político e representativo exponencialmente mais poderoso.

A sociedade em rede de Castells (2009) é em parte uma tentativa explicativa e galvanizadora deste processo. As redes digitais e a esfera pública informacional global ganham, sem dúvida, um papel fundamental, no entanto, como o próprio autor defende, não são a totalidade do poder nem a sua territorialidade institucional. O poder destas redes de soberania, ou de interesse semi-privado ou semi- público, é, na nossa opinião, limitado, porque a soberania mais eficaz em termos de reformas estruturais é o poder do Estado.

A ação do Estado mandatado pela maioria dos seus cidadãos continua a ser a forma de poder mais eficaz para transformar a realidade e as relações de poder injustas que dominam a maior parte do mundo.

Vejamos o caso brasileiro em que 2% dos proprietários são donos de 43% das terras. Vastos terrenos são deixados ao semi-abandono e sob uma gestão mínima, apenas o suficiente para manter a posse legal dos mesmos. Segundo o INCRA, 90 milhões de hectares estão com uma exploração descurada. (Ziegler, 2005).

Uma realidade latifundiária de tipo colonial é ainda predominante em algumas regiões do Brasil. Os camponeses nestas parcelas reclamam a posse da mesma e vêem-se oprimidos por uma lei informal que reina nestes reinos feudais. Como no Peru em que os crioulos, deixados com a estrutura de poder e organizativa do colonizador espanhol, deram lugar a uma perpetuação de um regime que explorava a maior parte dos camponeses, privando-os da propriedade dos terrenos que tanto trabalhavam e trabalham.

Em simultâneo impuseram impostos com a legitimidade anti-democrática da posse inicial dos terrenos e legal, que de legal tem muito pouco. A maior parte da posse dita legal destes territórios é originada de regimes ditatoriais e nada representativos, logo a posse é posta em causa por todos aqueles que, iluminados pela modernidade, exigem igualdade, liberdade e fraternidade.

Os camponeses peruanos e brasileiros, mobilizados por sindicatos e associações de todo o género, têm conquistado aos poucos a sua independência e o direito a decidir o que fazer com o espaço que habitam. A questão da propriedade privada das terras é fundamental para construir uma equidade social e uma paz social duradoura. No caso peruano, só agora nos últimos anos vimos passos nesse sentido, mas no caso brasileiro o presidente Lula da Silva deu lugar a uma restauração dos valores democráticos. No entanto, uma sociedade brasileira de 200 milhões de habitantes requer mais tempo e mais soberania em rede.

Quando falamos na soberania em rede, devemos ter em conta as diversas formas de participação democrática que se foram desenvolvendo nas várias sociedades, com o surgimento das novas tecnologias de informação.

O papel da sociedade civil brasileira é, de facto, fundamental, como veremos, mas mais imperativo que este fator social é a importância de um estado forte que teve e tem a coragem de efetuar reformas estruturais num país dividido em regiões, culturas e simpatias ideológicas distintas.

Ziegler (2005) afirma que esta nação sul-americana é a maior exportadora de soja. No entanto, grandes franjas da população vivem em subnutrição. No Estado de Pernambuco vinte e sete famílias controlam 25 milhões de hectares de terras cultiváveis. As famílias em questão provêm de uma linhagem familiar que, em alguns casos, está diretamente ligada a famílias que detinham as terras nos reinados do rei de Portugal.

O poder colonial e a sua herança de feudalismo esclavagista perdurou nos tempos. A posse da terra não mudou quando deveria ter mudado e continuou a beneficiar os mesmos proprietários minoritários que beneficiavam de um regime ditatorial para explorar o seu próprio povo.

Esta situação social e jurídica poderá ser considerada imoral. O fruto da exploração é, na atualidade, convertido em lei democrática. Os donos das terras argumentam o estado de direito e o carácter sacrossanto da propriedade privada que o regime neoliberal proclama, e invocam a legitimidade das terras. Por outro lado, a maioria das pessoas camponesas argumenta que a a terra é de quem a trabalha.

Na nossa perspetiva, o carácter histórico das injustiças sociais, os mecanismos de opressão de poder e da manutenção de privilégios devem ser questionados legitimamente e democraticamente por parte da soberania nacional, ou seja, por parte do povo maioritário que constitui essa mesma soberania. Desta maneira, o carácter legal de uma reforma agrária impõe-se como legítimo em termos democráticos. Esta reformulação das lógicas de poder serviu para atacar um problema crónico deste País maravilhoso: a fome.

Com o intuito de eliminar este flagelo que, paradoxalmente, está em expansão no século XXI, o governo do Presidente Lula implementou vários programas sociais, nomeadamente o projeto *Fome Zero*. Este programa de assistência social consiste em dar financiamento a quem não tinha meios para o ter; desta forma milhões de brasileiros puderam escapar da fome .

Quando o Presidente Lula da Silva assumiu funções em 2003, segundo a OMS, 53 milhões de cidadãos brasileiros viviam no limiar da pobreza, 80 milhões estavam em carência e subnutrição, e 119 milhões viviam com uma remuneração inferior a 100 dolares por mês (Ziegler, 2005).

Cerca de 6,5% dos habitantes do Brasil são sem-abrigo, estando sujeitos a um nível de risco elevado de integridade física, e 40% dos brasileiros vive sem água totalmente potável.

Uma grande margem de população infantil está subnutrida e vive em ambientes promíscuos com pouca segurança, e sofre de um défice de proteção por parte das instituições sociais que, em teoria, deveriam proteger os mais desfavorecidos.

Estas crianças darão lugar a adolescentes com pouco poder de aprendizagem e uma carência conceptual de conhecimentos que, com a idade e num mundo cada vez mais competitivo, significam a diferença entre uma vida digna ou de escravidão. A reprodução cultural presente na *Pedagogia do Oprimido* de Paulo Freire (1975) exemplifica a continuação e a perversão de uma aculturação repetitiva que impõe a ignorância e o afastamento da cidadania de uma franja imensa da população brasileira e mundial, pois este fenómeno de reprodução cultural verifica-se em todas as sociedades.

Para Paulo Freire (1975), o sistema educativo e a consequente constituição de um currículo escolar específico e dito nacional é de extrema importância para o originar de realidades desiguais e perversas na sociedade brasileira.

Esta tese defende a incapacidade ou, no mínimo, a negligência por parte destas massas marginalizadas em poder aceder a uma vida de pleno emprego e direitos sociais, numa sociedade global. Nesta, a troca de informação e o seu domínio, a interação entre economias e sociedades que vivem em rede impõe, para quem não souber jogar o jogo dos consensos mundiais, uma parte amarga do bolo da prosperidade capitalista.

Em suma, o poder atualmente também se mede pela capacidade conceptual, organizacional e funcional de operar numa sociedade de informação global.

Para o sociólogo brasileiro, o currículo escolar foi constituído com uma matriz elitista, etnocêntrica, social, de modo a constituir uma linguagem apenas perceptível aos olhos e mentes de uma camada de população minoritária.

O "Pensamento Único" de Umberto Eco (1982) realça esta dimensão discriminatória do discurso cultural e institucional dos currículos escolares.

A linguagem, o vocabulário e o tipo de pedagogia implementada pelos professores no ensino público de estados capitalistas, nomeadamente o brasileiro, é feita através de uma determinada caracterização e padronização linguística, de forma a que os filhos dos patrões e de alguma classe média perceba.

Esta metodologia e conteúdo de um programa que deveria ser nacional e universal, de modo a promover a igualdade de oportunidades entre os cidadãos, é, na verdade, responsável pela desigual distribuição de poder democrático e representativo pela sociedade de modo transversal.

A criança que vem de um meio dito rico e minoritário entende o vocabulário e a pedagogia utilizada pelo professor, visto que os pais e toda a estrutura familiar que o rodeia falam a mesma linguagem e usam os mesmos mecanismos de abstração intelectual para interagir entre si. Estas crianças entendem com mais facilidade a mensagem e a pedagogia dos professores.

Este facto resulta objetivamente numa concorrência desleal e injusta para a restante maioria dos alunos que são provenientes de meios mais pobres e desfavorecidos. Esta margem maioritária da população entende outro tipo de vocabulário e partilha, muitas das vezes, uma cultura oral em vez da escrita oficial nacional. Muitos destes núcleos familiares desfavorecidos apresentam um alto nível de analfabetização que resulta numa incapacidade em passar as mais elementares ferramentas de interpretação intelectual de mãe para filho. A pedagogia direciona-se num sentido mais prático e mais eficaz, tendo em conta uma realidade subdesenvolvida em que comer e sobreviver se sobrepõem a estudar e a conectar-se em rede.

Se, de facto, aceitarmos como válidos estes pressupostos, entendemos que o Estado falhou e falha no seu intuito educacional, herdado da modernidade francesa, de promover uma universalidade de acesso cultural para todos os cidadãos. Este é o princípio da cidadania e da igualdade perante a lei.

A reprodução cultural funciona de diversas maneiras e apresenta as suas especificidades de país para país. No entanto, existe a apontar este problema estrutural que está no Estado e, em última análise, em nós, os cidadãos que legitimam a máquina estatal. O que fazer para fazer regredir esta tendência? Implementar políticas de aproximação cultural e intelectual das massas com as instituições, no fundo implementar uma democracia de alta intensidade.

Boaventura Sousa Santos (2001) sugere que se promova uma sociedade em rede que zele, de facto, por todos. Pode-se argumentar que, para tal, existem milhares de ONG e associações do poder civil que já batalham em rede, aproveitando a lógica da globalização e promovem esforços nesse sentido.

Contudo, como o Presidente Lula da Silva nos mostrou, nada pode ser atingido sem uma intervenção do centro de soberania que comanda um território: o Estado.

Através de uma articulação de movimentos como os *Sem Terra* e sindicatos, o governo do Presidente Lula da Silva soube integrar estas vozes da sociedade civil e integrá-las no projeto de soberania nacional, protegendo estes atores através da justiça e das suas instituições.

Pela primeira vez, na curta história do povo brasileiro, um poder representativo de grande parte da população impôs a sua vontade e continua a impor democraticamente. A reprodução cultural e de consensos mostra-nos que o fenómeno da globalização no Brasil e em todo o mundo deve ser abordado de forma transversal e diversa, mas com um único objetivo: igualdade, liberdade e fraternidade.

O Presidente Lula da Silva pôs em prática o programa *Fome Zero* com a convicção de eliminar a tragédia da fome num país rico em recursos naturais e alimentares. O programa faz parte de uma política estatal que confere à soberania popular uma função elementar e primordial nesta instituição: a transformação social.

A prova do falhanço do estado de direito são os sinais perturbadores que surgem, a partir de 2001, no Peru, em zonas consideradas pacificadas pelo governo em anos anteriores.

1.11. A revolta dialética

É bom lembrar que, no final da década de oitenta, o PCP, Sendero Luminoso, estava às portas de Lima, a capital do Estado, a impor cortes eléctricos a toda a cidade e a ameaçar o poder estabelecido. Na verdade, a tensão social vivida nessa época poderia ter originado um derrube de poder.

Por este motivo, consideramos que este movimento não pode ser resumido apenas à catalogação de terrorista. A legitimidade resulta dos números de cidadãos que apoiem um movimento, e os órgãos de soberania só têm este estatuto porque a maioria da população os elegeu. A legitimidade democrática, que consiste fundamentalmente na validade dos atos eleitorais, é o conceito crucial nesta equação do Estado na era global.

Os movimentos que, muitas vezes, são considerados terroristas pelas suas práticas são paradoxalmente as entidades mais soberanas e representativas de um povo. Poder-se-á argumentar que sem o voto e a medição da vontade popular jamais se poderá aferir a legitimidade de um movimento, contudo duas décadas de existência poderão ser a prova de uma possível legitimidade popular e um sinal de integração profunda na sociedade peruana.

Não é nossa intenção provar a legitimidade democrática desta instituição que converge para a ação bélica, mas é nosso intuito demonstrar o falhanço de um Estado na legitimação das suas ações e no respeito do contrato social celebrado com o seu próprio povo.

Este falhanço do Estado é, em simultâneo, a derrota da ordem internacional e dos consensos mundiais. O caso peruano demonstra que um governo, apoiado pela comunidade internacional num contexto étnico muito específico, que tente impor a receita neoliberal pode falhar no seu propósito. A homogeneização, que é uma característica da globalização, tentou instalar-se num país dividido até hoje em várias dimensões.

O Peru está dividido em Costa, Sierra e Selva. Estas divisões geográficas são sentidas e demonstram a dificuldade por parte do Governo em estar presente, no seu carácter universal, na totalidade do território. A multiculturalidade nacional divide-se parcialmente por estas regiões.

Na Costa vive a maior parte da população, e é onde se situa a capital bem como as maiores cidades e pólos industriais. Nestas mega-cidades habita um mosaico do país. Camponeses dos Andes e selváticos da Amazónia transfiguram-se na cidade do capitalismo, onde o sonho de uma vida melhor se confunde, na maior parte das vezes, com o pesadelo e a morte. As massas maioritárias do país encontram-se nestas cidades que acolhem a mão-de-obra necessária para as indústrias e para o setor comercial. Há décadas que decorre a (eterna) revolução industrial no Peru.

A promessa de um desenvolvimento semelhante ao das sociedades europeias industrializadas consta da mensagem subliminar dos governantes e do aparelho ideológico peruano. A tentativa de impor um espírito nacional para o progresso e modernização do país constitui a promessa de todas as forças políticas que tentaram chegar ao poder no Peru.

Contudo, a realidade é bem diferente e espelha-se numa economia paralela que poderá chegar a mais de metade do PIB bruto por ano. O licenciamento das casas nos arredores de Lima era, na sua totalidade, ilegal na década de oitenta, e atualmente a situação não é muito diferente.

O falhanço do Estado em criar uma cidade justa, livre e fraterna é bem patente. Basta percorrer o bairro do Calhau e conviver com as suas gentes – como tivemos oportunidade de fazer – para percepcionar o profundo atraso e desrespeito dos direitos humanos a que estas populações estão sujeitas.

A comunidade internacional põe mais em foco as favelas brasileiras por estas se revestirem de um carácter mais romântico e cultural; no entanto, se olharmos para os bairros degradados de Lima e Guayaquil no Equador, veremos que, nestes lugares, a tragédia é bem maior.

Os *media*, neste aspeto, tentam delimitar e focalizar um tipo ideal de pobreza ou de flagelo social, deixando, muitas vezes, a impressão de que se trata de um caso único, quando, na realidade, sabemos que esta ordem mundial criou um mundo de pobres, facto observável empiricamente.

A Costa e Lima são, para José Carlos Mariáthegui (1928), a casa da elite política e capitalista do país. O sentimento que se vive em relação aos outros territórios do país é de uma certa superioridade, típica de um país provinciano e subdesenvolvido. Este sentimento provinciano esconde uma realidade mais perturbadora: a guerra civil que percorre o país desde há duas décadas.

O centro do país é constituído pelos Andes e por uma assinalável etnicidade da população.

Os índios que conseguiram fugir das investidas espanholas encontraram na segurança dos Andes a sua salvação, e ai se concentraram e perduraram na sua existência.

Estes povos desconheciam a força mundial e total do império, que chega a todos os lugares, inclusivamente aos esconderijos da mente. A ofensiva ideológica e cultural entrou, mas não conseguiu triunfar nos povos da Serra, os serranos. Esta população habitou a serra e durante milénios viveu da terra.

Desde a descolonização o centro e a selva baixa peruana foram deixados a um regime feudal de organização política: grandes senhores proprietários que, com a ajuda do exército, impunham a sua vontade a um povo que, em muitos casos, não sabia sequer falar o castelhano.

Esta realidade serrana e selvática, que se opõe à realidade urbana de Lima, começou a demonstrar as suas contradições, e, quando ninguém do mundo de Lima esperava, surgiu uma revolta, protagonizada por desconhecidos da ordem mundial, feita por um povo que habitava um espaço que considerava seu desde sempre.

A prova de que o Estado falhou no caso peruano é a recorrente sinalização de episódios, atentados e declarações que demonstram uma atividade de um suposto movimento guerrilheiro.

Segundo Silvano Cecolli, na sua obra "O regresso do Sendero Luminoso" (2000), este movimento voltou a ter atividade significativa a partir de 2001, intensificando a sua articulação com os movimentos sindicais e sociais, bem como desenvolvendo operações militares.

"Não obstante a total falta de notícias na imprensa internacional das ações guerrilheiras senderistas, no Peru, no decorrer de 2001 e 2002, o raio de ação do exército popular de libertação foi aumentado" (Cecolli, 2006, 151).

Esta afirmação, que carece de confirmação empírica, faz-nos perceber que o conflito social e militar no Peru é um conflito que pertence ao mundo globalizado. A intervenção de um Estado sobre o seu próprio povo, que faz a apologia da Democracia versus Terrorismo, diz tudo sobre a demagogia estatal. O caso peruano serviu-nos de exemplo de como o mundo globalizado constrói universos tão distintos e específicos e que são reciprocamente multiconsensuais.

Provar a legitimidade do Sendero Luminoso versus o Estado peruano é de difícil execução, contudo o mundo dos consensos alargados é visto como uma ordem que não deixa nenhuma parcela da terra indiferente à sua dominação. E o Peru não foge a essa regra.

No caso peruano que temos abordado recorrentemente ao longo desta investigação, tornaram-se evidentes as contradições da globalização, inerentes ao exercício do poder soberano, nomeadamente estatal.

O perigo de o Estado se transformar num agente de intolerância da sociedade é uma ameaça ao estado de direito e da democracia mundial. A forma de um estado fascista que a Europa e o mundo viveram no século XX não é, para Boaventura Sousa Santos (2011), um risco real.

No entanto, Boaventura Sousa Santos afirma que *"a emergência de relações sociais geram desigualdades tão acentuadas entre os cidadãos ou os grupos sociais que as salvaguardas da democracia de pouco valem para defender os cidadãos ou grupos oprimidos no seio dessas relações"* (2011, 120).

Dentro desta lógica de perversão do contrato social, podemos identificar formas distintas de ação desta nova intolerância social do estado democrático, nomeadamente uma forma que é intitulada de fascismo do apartheid social.

Esta dimensão de análise social chama a atenção para o facto de que espaços urbanos estão divididos em esferas informais de poder cidadão: há zonas distintas da cidade, sendo que em algumas reina a cidadania e o respeito estrito pelo contrato social, e noutras, prevalece o caos e a guerra social constante.

O cumprimento do contrato social democrático que deveria defender a integridade física, moral e patrimonial é tido como sagrado em algumas zonas da cidade ou da população. Nestas áreas habitam alegadamente os cidadãos com um rendimento mais alto e com uma importância social mais reconhecida pelo aparelho do Estado.

Esta população beneficia de proteção policial, de cuidados de saúde, escolas, zonas verdes, espaços comerciais com os melhores produtos e, em alguns casos, melhor ar para respirar. Muitas das vezes estas zonas nobres são minoritárias num contexto global.

Nesta perspetiva, o carácter universal das medidas e serviços do Estado é garantido apenas a certas franjas da população, enquanto que outras zonas da cidade, muitas vezes as mais numerosas, são deixadas num estado de guerra civil e tensão social generalizada.

 Estas zonas marginalizadas oferecem pouca segurança aos seus habitantes, os serviços de saúde são ineficazes, e a justiça e presença policial são efetivadas num intuito dominador em oposição a uma ação pedagógica sempre desejável por parte das forças de autoridade.

Um apartheid poderá ser, nesta perspetiva, estabelecido por uma nação e por um contrato social soberano. A questão que se coloca é saber quem autorizou, de facto, e com que legitimidade, a construção de uma realidade igualitária. Se reconhecermos a realidade desta análise, devemos questionar-nos sobre a intencionalidade ou causalidade deste *statu quo*.

As regras informais são bem reais. A polícia e o aparelho repressivo do Estado impõem uma ordem fascista nos chamados guetos, devido a um consenso invisível. Esta teoria, ainda que difícil de provar, é exemplificativa da dificuldade em descortinar a própria globalização.

A construção de uma ordem consensual globalizante, que tem mais poder efetivo do que as leis soberanamente legisladas, encontra um paralelismo nesta construção teórica.

A ação das polícias em bairros chamados sociais e nos bairros da cidade ditos ricos é manifestamente diferente, mas esta diferença de comportamento resulta do vazio, do vácuo ou poderemos responsabilizar alguém ou algum órgão de soberania ?

A inexistência aparente de um órgão responsável das realidades pós-modernas é, por si só, uma definição do *statu quo* atual. O estado de direito pressupõe a igualdade, a liberdade e a fraternidade. No entanto, vemos que os cidadãos não são tratados de forma igual, nem têm igual acesso aos direitos que o contrato social se propôs dar.

Nesta situação, de que fonte provém o poder real e efetivo?

Estas questões, colocadas a um nível local, são, na verdade, problemas do mundo globalizado. É fundamental questionarmo-nos sobre a legitimidade da estrutura formal e informal do Estado, para que o pacto social respeite a vontade e beneficie a maioria dos cidadãos. Só assim haverá uma aproximação democrática.

"Enquanto o capitalismo for capitalismo, o excedente de capital não é consagrado à elevação do nível de vida das massas do país, pois significaria a diminuição dos lucros dos capitalistas, mas ao aumento desses lucros através da exportação de capitais para o estrangeiro, para os países atrasados. Nestes países atrasados o lucro é em geral elevado, pois os capitais são escassos, o preço da terra e os salários relativamente baixos, e as matérias-primas baratas" (Lenin,1977, 622).

O capitalismo é uma doutrina económico-político-cultural e ideológica que sustenta certos princípios de funcionamento. O capital e o trabalho simbolizam a génese do capitalismo, e a sua interação demonstra a dinâmica de exploração do homem pelo homem, que sucede nos países da dita globalização.

Mário Moutinho (2011) alerta-nos para uma falsa ideia de globalização que apresenta o mundo global como fruto de uma ordem social espontânea. Aponta, neste sentido, a falha de análise de Stiglitz

(2001) quando este elabora uma definição de globalização de modo a que fique imperceptível a real fonte ou origem desta ordem mundial. O fenómeno mundial é descrito como uma ordem que pode ser usada para o bem, dando a impressão de que o problema não é estrutural, nem deriva dos modelos económicos e financeiros que impõem as dinâmicas de poder na sociedade.

O capitalismo é distanciado dos efeitos negativos da ordem mundial vigente, e é até posto em total alheamento do caos global vivido por todos nós. Neste sentido, Stiglitz (2001) dissimula as reais raízes da desigualdade estrutural do mundo – os motivos da fome, da guerra, dos atropelamentos dos direitos humanos –, ou seja, de tudo o que nos define como humanidade.

Esta análise de Mário Moutinho (2011) é deveras interessante, pois transporta-nos da espuma para a essência do entendimento que nós achamos ser mais correto intelectualmente. A análise que dominará o nosso segundo capítulo é precisamente a implementação de um esquema interpretativo da realidade global, tendo em conta os princípios marxistas de análise histórica: o materialismo histórico.

Se, de facto, as interpretações da globalização até agora abordadas são espuma e apenas isso, então temos o dever de investigar mais e melhor as causas que estruturam o nosso mundo; quais os motores da história; o que define as relações humanas; em que consiste e o que sustenta o desenvolvimento material do mundo globalizado e capitalista.

A mudança e correção das desigualdades mundiais é-nos apresentada como possível por todos os teóricos da globalização abordados por nós, através da articulação híbrida entre grupos sociais, ONG, associações e sociedades em rede por meio do diálogo conectado com grandes bases consensuais. O poder da produção de significâncias consensuais simbólico-mediáticas funciona como um esquema conceptual explicativo para estas perspetivas de entendimento social. A crença no poder decisório da sociedade civil, apresentado como a grande arma das massas, é, nos moldes atuais, insuficiente para reverter a barbárie civilizacional posta em prática nas últimas décadas ou séculos.

Reformular o irreformulável é, de facto, uma anti-tese científica de aproximação do ideal humanitário e universal de equidade. A resposta assenta, na nossa opinião, numa análise materialista da História e da contemporaneidade, pois assim entenderemos e poderemos construir conceitos, teorias e práticas culturais para vivermos em dignidade.

Seguindo esta linha de análise, podemos argumentar que o sistema capitalista promove sociedades em que os pobres são como uma franja populacional exigida para o bom funcionamento da ordem imposta.

Nesta perspetiva, existem dois grupos de cidadãos: os indivíduos que possuem os meios de produção, a minoria; e os que não têm a propriedade privada, logo são forçados a vender a sua força braçal, sujeitando-se, desta forma, à exploração capitalista que pressupõe uma acumulação desmedida e inesgotável de recursos físicos e abstractos. Os capitais financeiros e físicos em forma de propriedade material são a ilustração e concretização de uma ordem com regras e divisões de competências bem definidas na sociedade.

Argumentar que a globalização é indiferente ou alheia a estas condições e formas de produção do mundo material e conceptual global poderá ser falacioso. Uma sociedade que promova a ética materialista e consumista acima dos valores humanistas é uma nação pobre em expectativas equitativas sociais. Um mundo que tenha como pressuposto a imposição dos seus paradigmas e a aculturação forçada é um mundo que jamais poderá reclamar a soberania planetária como sendo fruto da vontade maioritária dos seus cidadãos.

A soberania nacional e internacional é, na verdade, consequência das relações de produção de bens capitalistas, e esta relação molda toda a estrutura constitutiva da sociedade. O alargamento desta lógica a todo o planeta é a tão proclamada globalização.

"A separação do Estado do Capital tão invocada pelo neoliberalismo esconde, de facto, o lugar essencial que o Estado tem ocupado no desenvolvimento do próprio capitalismo: a conquista e divisão do planeta, o controlo militar, tanto nos países capitalistas como nos países capitalistas miseráveis, as guerras do petróleo, do cobre e dos diamantes, o fomento das infra-estruturas de

transporte, de comunicação e de investigação científica civil e militar ou até diretamente na cobertura dos desaires da especulação financeira como durante a última crise de 2008" (Mário Moutinho, 2011, 26).

O papel do Estado é fundamental para efetivar o contrato social local e internacional. O poder só poderá ser real, se emanar de instituições que sejam representativas do voto popular. A vontade popular é soberana e estabelece as regras do jogo, confere legitimidade ao *statu quo*.

Esta argumentação tende a contrariar a desresponsabilização do estado e dos poderes nacionais da imposição de uma nova ordem mundial. Quantas vezes ouvimos e lemos os nossos representantes políticos a afirmarem a sua incapacidade e o seu fatalismo perante a ordem dos mercados, mostrando a inevitabilidade das decisões por eles tomadas. Este pensamento único é destruído por uma análise mais séria e atenta.

O estado-nação foi, de facto, transfigurado e reparte-se em rede e em muitos mais conceitos interpretativos da realidade. No entanto, a observação empírica e documental da realidade mundial diz- nos que o carácter universal da igualdade, liberdade e fraternidade está por conseguir. Para atingirmos uma ordem global mais justa, é imperativo desmistificar a cortina de fumo que está perante todos nós.

A este propósito, devemos ter em conta que a estrutura política dos estados- nações é fundamento e garante de toda a ordem mundial. A ascensão das multinacionais, a concentração do capital e a monopolização da economia mundial são fenómenos que caracterizam o *statu quo* e demonstram a real intenção dos intervenientes de definir uma ordem jurídica, política e económica para um mundo que carece de legitimidade.

Mário Moutinho (2011) aponta na sua análise a ascensão das multinacionais como sendo um processo histórico que não é nada de novo, como Lenin definiu nas suas grandes obras de análise política. Devemos, por isso, interpretar esta concentração de capital por parte destas empresas como algo orquestrado e planeado.

A ideia de que a ordem mundial foi surgindo de uma fatalidade espontânea do mundo e das sociedades humanas é descredibilizada, quando analisamos as obras de vários autores, nomeadamente a análise de Moutinho (2011).

Esta análise, que se apoia na obra de Lenin (1977), revela que existe outra forma de ver a globalização e que, paradoxalmente, sempre existiu uma forma coerente e "certa" de ver a mundialização: a análise marxista.

Moutinho realça a importância das *offshores*, os paraísos fiscais que se materializam em normas jurídicas internacionais de transacção económica, mecanismos que servem para fugir ao Estado.

O poder do Estado de fiscalizar e aprovar soberanamente as atividades que têm influência no seu território é destruído por estas figuras de *offshores*.

A sua construção jurídica é irrelevante, pois carece de legitimidade democrática. A sua aceitação deve ser estudada e interpretada de uma forma mais atenta. A percepção de um povo soberano sobre algo que recusa a sua própria soberania é, de facto, alarmante e sintomático do estado informacional e cidadania de um povo.

A legitimação das *offshores*, resultante de um consenso global e neoliberal, demonstra como estes novos paradigmas consensuais são anti-democráticos. A ideia de uma aceitação consensual não pode por si só perpetuar uma realidade. As *offshores* representam grande parte da economia mundial, talvez a maior parte, no entanto é de extrema dificuldade, senão impossível, aferir, com os moldes legais, a real importância destes mecanismos.

A situação atual de crise financeira, social e política não permite sustentar por muito mais tempo estas figuras da finança mundial que são instrumento das classes multinacionais ou transnacionais do planeta.

Na Europa, o contexto de tensão social atinge níveis tão insustentáveis que torna evidente a urgência de pôr tudo em causa, refletir a realidade construída por nós, e interrogar os cidadãos através das mais variadas formas de democracia sobre o rumo a tomar nos próximos anos e décadas.

A crise do sistema financeiro é, em última análise, uma crise da humanidade e de um tipo de desenvolvimento escolhido por alguns homens do mundo, que falaram por certas nações do mesmo mundo.

O carácter capitalista desta globalização é evidente; o papel do Estado é fundamental e a ideologia deve ser reconvertida em práxis cultural.

O consenso de Washington poderá comprovar uma tendência neoliberal que se impôs na forma de recomendações a adotar por todos os Estados do mundo capitalista. Entre as recomendações dos sábios do mundo estavam reduções exponenciais dos orçamentos do Estado no setor social, a privatização de recursos e vetores estratégicos dos estados, a flexibilização das leis laborais, e toda a carga ideológica inerente a uma doutrina liberal.

Temos tentado descrever o resultado destas políticas, o mundo e a ordem desigual que impera no planeta desde o início da investigação. Este fenómeno realça a importância do Estado e da responsabilização do mesmo no estado atual; logo, parece-nos urgente mediatizar e efetuar a democratização da globalização por todos nós, cidadãos.

"Por outras palavras, o Consenso de Washington/ políticas neoliberais significam, para além da livre circulação de bens e de comércio, a redução da parte dos orçamentos de Estado dedicados aos gastos públicos (saúde, educação...). A recuperação pelo capital de uma maior parte das mais-valias, quer diretamente pelos detentores dos meios de produção, quer pelo aumento da tributação das classes trabalhadoras, a transferência para o Capital privado de todas as atividades lucrativas até então detidas pelos Estados e, finalmente, a liberalização do mercado de trabalho, pondo fim, pelo menos transitoriamente, a dezenas de anos de lutas laborais e sindicais" (Mário Moutinho, 2011, 63).

Este contexto neoliberal deu lugar a uma capitalização da economia financeira de modo exponencial e nunca antes visto. Para Moutinho, o poder financeiro chegou a um ponto de acumulação e poder dentro do sistema capitalista que representa a sua quase totalidade.

A produção real das economias mundiais vem-se distanciando das representações económicas respetivas. O capital financeiro e industrial de que falava Lenin alterou as suas relações de poder. A especulação deu lugar a um imperialismo voraz em que a acumulação de lucros por parte dos investidores anónimos se tornou a prioridade efetiva e moral.

É, de facto, intrigante, para não dizer preocupante, que os padrões morais e éticos que resultam na cristalização de um consenso mundial se edifiquem sob a égide da eficiência lucrativa por parte de franjas ultra-minoritárias da população. Moutinho vai mais longe e argumenta, afirmando que as economias ditas desenvolvidas, que obedecem a estes consensos capitalistas mundiais, criam condições sociais internas deveras trágicas. Segundo esta lógica de ação, o desemprego nestas nações irá aumentar exponencialmente, visto que a economia real de produção de bens físicos e primordiais passa a existir fora do território dos países desenvolvidos.

Este facto, que já está consumado em grande parte da Europa e EUA, provoca uma escassez de empregos ditos do operariado, devido à deslocalização e flexibilização da produção industrial.

Este fenómeno é explicado internamente como sendo um imperativo económico e como a única solução para o país ou blocos de países. Na verdade, estas medidas resultam de políticas neoliberais que foram escolhidas, muitas vezes, à sombra de uma democracia fascisante ou de um novo fascismo social.

A falta de funcionamento que abordámos, e voltaremos a abordar, em toda esta investigação está na génese destas políticas. O carácter suicidário e de anti-preservação, enquanto espécie, de que se revestem estas medidas para a maioria das populações afetadas demonstra a demência coletiva que a nova ordem mundial nos impõe.

Os desempregados aumentam na Europa. Em Espanha, durante este ano de 2012, a taxa que diz respeito a este flagelo já atingiu os 30%. O direito ao emprego bem como a igualdade de oportunidades que estariam na génese das democracias ocidentais vêem-se confrontados com uma lógica global de acumulação e especulação capitalista.

Se, de facto, o fenómeno bem como outros indicadores de exclusão e empobrecimento das populações são vistos como normais e imprescindíveis para o bom funcionamento de uma sociedade capitalista, devemos ter em em conta o facto de que os países subdesenvolvidos, que são hoje depositários da maior parte da produção de bens transacionáveis e primários do mundo, estão sob coação dos consensos mundiais.

Moutinho refere o real perigo de que, nestes países ditos subdesenvolvidos, reine um estado de terror e violência para que a ordem neoliberal impere, para que os preços da mão-de-obra e das matérias-primas fiquem baixos, logo rentáveis.

As políticas e os movimentos sociais nesses países devem ser repressivos e anti-democráticos, pois apenas um povo ignorante e alienado recusa receber o direito à reivindicação legítima de melhores condições laborais e de uma melhor relação com o capital possuído pelos proprietários minoritários. Mais uma vez, observamos que os consensos mundiais, apoiados e legitimados pelos estados, são causadores de fenómenos anti-democráticos.

O sistema financeiro e especulativo toma proporções maquiavélicas, quando observamos as famosas *offshores*. Estas figuras da globalização mostram-nos como é institucionalizada a fuga da responsabilidade social do setor económico. É, de facto, interessante observar a base que sustenta o todo económico e o sistema financeiro.

A sociedade regida por um contrato social é a base de todas as atividades sociais, económicas, políticas, religiosas e culturais que são protagonizadas por um povo. Nesta medida, podemos constatar uma preocupante veiculação de um consenso através dos media mundiais, já concentrados em monopólios detidos pelo grande capital, em que os direitos sociais e de dignidade humana são desvalorizados em relação à eficiência económica.

A eficiência económica é abordada como algo independente do todo social e da realidade da fome, da guerra, da sede e da dignidade humana. É gritante a desumanização das sociedades e das referências éticas que constituem o pacto social. Estas definições são ilusórias, pois o capital imperial circula e homogeneiza todo o território mundial de forma a criar um planeta igual na desigualdade e na riqueza.

Este fenómeno de total domínio e perpetuação do sistema capitalista implica uma trágica consequência para os povos do mundo, como já referimos, mas, paradoxalmente, cria também as condições de uma contra-ordem mundial e de uma nova forma de organização das instituições internacionais.

1.12. Um outro mundo é discutido

O Fórum Social Mundial, grupo civil de natureza informativa nas questões atuais de desenvolvimento humano, é a prova de que diversas formas de representação democrática interagem e consensualizam formas de resposta à ordem neoliberal.

Este movimento indica que a realização de sociedades globais regidas pelos princípios da democracia e os direitos humanos é possível neste contexto já tão opressivo. As organizações intervenientes neste fórum representam interesses nacionais, regionais, étnicos, de igualdade de género e toda a espécie de reivindicações e fazem-no de modo democrático e conectado.

É difícil verificar os resultados práticos de tal organização e as práticas processuais, mas uma resposta à situação atual poderá surgir destes meios em que contratos sociais são redefinidos pela imposição do contexto económico, político e cultural do mundo.

Um denominador comum das reivindicações destes movimentos é a falta de poder soberano, maioritário e democrático que os povos representados pelos mesmos reclamam e sofrem. A falta de poder decisório sobre as suas vidas é, de facto, a maior preocupação que afeta os povos que dão força aos movimentos do Fórum Social.

Poder-se-á interpretar este movimento como uma alter-democracia ou um outro tipo de governação mundial que, ironica ou tragicamente, atua mediante declarações de intenção ou de chamadas de atenção mediáticas para problemas partilhados.

O carácter prático destas instituições suscita a questão de criar alternativas de ação aos consensos capitalistas e uma reflexão sobre as possíveis ações que todos os cidadãos poderão desenvolver, ou devem desenvolver, para ter uma cidadania global com efeitos democráticos e humanos.

O Fórum Social intitula-se como *"um espaço de debate democrático de ideias, aprofundamento da reflexão, formulação de propostas, troca de experiências e articulação de movimentos sociais, redes, ONG e outras organizações da sociedade civil que se opõem ao neoliberalismo e ao domínio do mundo pelo capital e por qualquer forma de imperialismo"* (site oficial do FSM, 12-12-2011).

O espaço é de representatividade e o tempo é de soberania diversificada que se mutila com as delegações de competências inerentes a uma organização tão vasta. Esta auto-definição de movimento ou de "espaço" é ilustrativa do mosaico de conceptualizações que constituem o mundo da sociedade civil planetária.

A escolha de palavras como "debate democrático" ou "articulação" indicam que os constituintes desta união de esforços representam interesses nacionais, étnicos, regionais e religiosos distintos, que remontam às mais antigas tradições e escolas de conhecimento do planeta.

Movimentos descendentes dos Incas e de Tupac Amaru defendem as suas posições lado a lado com sindicatos alemães, oriundos das babilónias industriais do centro imperial.

O valor da democracia direta grega e do contrato ideal de Rousseau estão, aparentemente, na génese deste "espaço de debate". A importância do uso desta terminologia revolucionária e a concordância da sua imperatividade por parte dos intervenientes denota um denominador comum.

A causa desta união entre grupos tão distantes culturalmente é a repulsa e a negação de um sistema capitalista, que sustenta uma realidade trágica para a maior parte da humanidade. O valor da vontade maioritária é, de facto, um alicerce essencial do estado moderno e desta alter-globalização.

Tentar edificar uma sociedade exponencialmente guiada por valores representativos da vontade popular é o desafio que une este mosaico de clientes insatisfeitos com um contrato social global que não oferece mais vantagens do que malefícios.

As ONG, movimentos sociais, e as "redes" referidas na declaração constituem o uso de instituições mutantes de soberania democrática cidadã.

Estes novos atores do cenário mundial surgiram de onde inevitavelmente deveriam brotar. As populações afetadas pela violência do império juntam-se e criam um alter-estado mental soberano que se materializa nas instituições sociais.

As redes de que falava Castells (2005) são reconhecidas por um vocabulário que, paradoxalmente, se torna dominante nas subculturas do regime capitalista total. Este vocabulário contestatário e alter-soberano manifesta-se sem pudor através de um direito constitucional europeu: a liberdade de expressão. Através deste mecanismo de liberdade, estes grupos exercem a sua rede de intenções.

A questão consiste, de facto, em medir ou poder medir os resultados práticos desta sinergia humanitária. Existem temas prementes e catástrofes humanitárias em curso que exigiam a implementação de outros métodos de organização social.

No entanto, exigir o impossível é uma atitude que devemos ter, como também devemos simultaneamente reconhecer o mérito desta organização pelo que faz e pela forma como age, ao afirmar o seu repúdio por um mundo dominado pelo capital e pelo imperialismo.

Provavelmente, se perguntássemos aos vários elementos constitutivos do FSM qual o significado de "soberania", "democracia" e "rede", teríamos uma resposta variada e diversificada, o que é salutar no sentido da fecundidade da discussão em causa.

Contudo, em momentos de emergências humanitárias e imperatividade de agir no sentido de restaurar as dignidades do mundo, seria mais prudente encontrar um consenso soberano que fosse a génese de um projeto de lei embrionário, que fornecesse um quadro jurídico global mais convergente com os ideais democráticos.

O FSM foi criado em 2001 por um " comité de entidades brasileiras" que organizou o primeiro evento da organização em Porto Alegre e que, desde esse momento, marcou a agenda mundial dos *media* e da percepção popular. Este movimento engloba uma grande diversidade de opiniões, mas estabelece regras de funcionamento explícitas na sua carta de princípios.

O movimento de origem brasileira, logo lusófona, demonstra ter tido a capacidade desde o início de elaborar um consenso de triagem dos seus intervenientes. O poder normativo e moral do movimento é a sua grande arma bem como os argumentos denunciadores de injustiças sociais.

A mensagem simbólica deste grupo propaga-se por todos os *media*, inclusive os *mainstream* que troçam e caluniam o FSM, apesar de a mensagem de existência e o consequente posicionamento no xadrês da estratégia planetária do poder serem consumados.

A máquina ideológica do imperialismo apropria-se das formas de muitos movimentos contestatários e esvazia o seu conteúdo, tornando-os paradoxos de satisfação dos próprios consumidores.

As massas consumidoras deste fenómeno são quotidianamente bombardeadas por mensagens e estímulos à participação em esferas de ação virtual ou parcialmente virtuais. No entanto, o *dumping* informacional é de tal forma eficaz que leva as massas a recusarem qualquer aprofundamento de uma temática ou assunto premente e urgente para a sua sobrevivência.

Quando a temática é o nível de cidadania e responsabilidade social, a lógica do pensamento dominante torna-se trágica para quem imagina um mundo exponencialmente democrático ou soberano.

No ponto 2 da Carta de Princípios do Fórum Social Mundial, podemos ver uma projeção do movimento na rede global de significâncias. A sociedade em rede permite a internacionalização do FSM e constitui a definição do mesmo. A localização deste fenómeno, no tempo e no espaço, foi ultrapassada pelas evidências mediáticas que, já em 2001, tornaram internacional algo que já desejava ser uma força de democratização planetária.

O carácter global do movimento torna-o incontrolável, pois as rédeas do mundo são, por natureza, contraditórias e com a modernidade tornam-se partilhadas em relação à direção do mecanismo sociopolítico que se tornou o FSM.

A indeterminação futura das práticas e éticas deste espaço de liberdade constituem as virtudes e as fraquezas de todos os grupos que combatem a tirania capitalista com apenas processos democráticos de representatividade popular civil.

"2. O Fórum Social Mundial de Porto Alegre foi um evento localizado no tempo e no espaço. A partir de agora, na certeza proclamada em Porto Alegre de que "um outro mundo é possível", ele se torna um processo permanente de busca e construção de alternativas, que não se reduz aos eventos em que se apoia" (site oficial do FSM, 2012).

Esta organização pauta-se pela sua contemporaneidade e denuncia a urgência de encontrar alternativas sustentáveis e aceites pelos povos do mundo, no sentido de desenvolver paradigmas distintos de desenvolvimento social e político.

Com efeito, o FSM apresenta-se com um carácter internacional, mas recusa ser uma "instância representativa da sociedade civil mundial", o que nos deixa perplexos, visto que o grande défice do mundo atual é precisamente a representatividade. Como poderá uma organização internacional e global não assumir este carácter de representatividade mundial sem que seja acusada de pretensionismo ou arrogância intelectual? Esta é uma das muitas questões suscitadas por este espaço de encontro.

Mais adiante na carta de princípios, podemos observar uma clara identificação dos atores que, para os membros do FSM, representam os vilões e os malfeitores. Segundo esta carta, as multinacionais e as grandes corporações capitalistas protagonizam os agentes a combater.

As grandes corporações, como já abordámos, são o novo braço materializado do liberalismo ou neoliberalismo, que se apresentam como as novas formas originadoras da opressão mundial.

O facto de estes movimentos associarem, de modo imediato, as grandes corporações ao regime capitalista é interessante. Já antes referimos o facto de existir uma dúbia definição e associações do termo globalização ao regime e modelo capitalista, e por este motivo insistimos nas possíveis definições de um statu quo atual e contemporâneo que desse clareza a um assunto complexo e de diversas interpretações para cada um dos cidadãos do mundo.

De facto, estes grupos anti-sistema dominante reconhecem que a lógica de toda uma dominação global está assente num modelo económico e social que promove a desigual concorrência e existência em relação à vida e a uma sobrevivência digna entre os homens, que se baseia num conjunto de regras de organização dos meios de produção de bens materiais, do uso da força e da perpetuação de modelos culturais.

Como argumentou Mário Moutinho, na sua obra (2011, 34), a globalização deve ser vista através da relação entre capital e trabalho. Esta análise marxista da História deverá ser a análise a seguir por todos aqueles que exigem um mundo pautado pelos direitos humanos universais e pela governação da soberania democrática, em oposição ao ditar das regras do mercado "livre" e de um regime neoliberal que confia no facto de que a soma dos egoísmos se traduzirão num resultado solidário. Algo que, de facto, ao longo da História, podemos observar que não se verificou.

"8. O Fórum Social Mundial é um espaço plural e diversificado, não confessional, não governamental, que articula de forma descentralizada, em rede, entidades e movimentos engajados em ações concretas, do nível local ao internacional, pela construção de um outro mundo". (Site do FSM, 2012)

Neste ponto volta estar a recusa em ser um órgão de soberania decisório e deliberatório da vontade popular, sujeito à consequência da execução prática dessas mesmas deliberações. Mais uma vez, entendemos esta recusa em ser um movimento não partidário como suma proteção contra a instrumentalização política do mesmo.

Todavia, se tudo é política, o que resta então?

A fuga a uma responsabilidade política, para salvaguardar a sua liberdade e pureza conceptual, parece-nos ser uma desistência à partida, porque reconhece o falhanço das instituições político-partidárias e separa a sua esfera de ação, pelo menos, institucional das mesmas. Quanto a nós, esta delimitação de competências é irreal, pois o social explica-se pelo social, e os microcosmos sociais que originam a sociedade civil apenas podem ser entendidos e intelegidos através de uma visão global de entendimento: política, económica, social e cultural.

A organização deste fórum cai num contra-senso, quando afirma ser um ator global e internacional, e simultaneamente recusa ser um ator total em cada microcosmo social em que se movimenta, intervindo na realidade multifacetada constituída, precisamente, por todas as referidas dimensões de análise: política, económica, cultural etc...

O FSM afirma não ser de origem partidária – no sentido de se distanciar da má conotação que os partidos e os regimes partidários têm – ou, porventura, ter uma opinião da sociedade civil como sendo um espaço diferente e diferenciável da sociedade política, de tal modo que a esfera de ação dos cidadãos envolvidos nela não é executiva nem prática.

A política democrática moderna deu lugar a um distanciamento dos cidadãos, que deveriam ser os seus mais fiéis protagonistas, e poderá ter transformado o exercício do poder num jogo feito por uma classe de políticos profissionais com relações promíscuas com as grandes corporações capitalistas.

Este estado atual de representatividade, já denunciado por alguns dos autores abordados neste capitulo, é o grande entrave para a criação de um movimento e de uma alternativa para o estado atual.

Apoiar e reconhecer que o FSM, fundado em Porto Alegre, é e foi um facto regenerador no panorama da soberania e justiça mundial, bem como é inevitável reconhecermos o papel revolucionário desta instituição da sociedade civil.

No entanto, consideramos que apresenta algumas fragilidades conceptuais e de ação prática. Para o demonstrar, falaremos de um FSM que teve lugar também no Brasil, em Belém do Pará, no ano de 2009.

A capital acolheu um FSM, e a expectativa era grande por toda a cidade, sendo que as gentes falavam dos benefícios económicos do evento e das grandes oportunidades de negócio que iriam surgir.

Outra parte minoritária, intelectuais e estudantes universitários, fazia a apologia do carácter revolucionário e iluminador dos debates suscitados por este evento, bem como o papel real da capacidade de transformação mundial e de internacionalização que o movimento representava no mundo.

A maior parte da população de Belém não tinha uma opinião formada, apenas sabia que o campus universitário da Universidade Federal do Pará iria ser ocupado por muitos turistas e por delegações de todo mundo. Para organizar uma movimentação significativa de pessoas como esta, é impossível fugir à lógica capitalista do mercado livre e da sociedade da riqueza.

Os organizadores, com toda a sua boa-vontade, decidiram vir para Belém e efetuar na foz do Amazonas um exercício de democracia, ao mostrar ao mundo a beleza da Amazónia e ao debater temas como a deflorestação, a desigualdade da distribuição das rendas e terras na América Latina.

Contudo, os responsáveis esqueceram-se de implementar estes mesmos princípios na zona efetiva do evento, e a ambiguidade institucional deste FSM materializou-se numa imposição repressiva da ordem pública imposta aos residentes das populações do bairro Guamá.

Este bairro delimita o *campus* universitário da UFPA e sempre foi um motivo de discórdia por parte das autoridades locais que deveriam ter resolvido esta carência habitacional e civilizacional há muito tempo.

Os conflitos que resultavam em pequenos roubos entre a população do Guamá e os universitários foram sendo registados ao longo dos tempos, amplamente reprimidos por uma polícia brasileira habituada a punir fisicamente primeiro e a dialogar depois.

Quando o FSM se realizou em Bélem tudo mudou. O Guamá não poderia ser visto nem ser um perigo para os jovens turistas presentes no evento que, ironicamente, iriam debater temas relacionados com a pobreza e a exclusão social. No entanto, o que se verificou foi uma imposição da lei marcial nesse mesmo bairro.

Foi implementado um recolher obrigatório, pessoas foram espancadas e intimidadas a não sair e a não causar problemas aos turistas e participantes do fórum, situações a que tivemos a oportunidade de assistir, além dos relatos comprovatórios que escutámos.

Uma supressão dos direitos constitucionalmente consagrados, se bem que nunca amplamente cumpridos, foi efetuada em nome de um movimento ou resultado de uma reunião de um espaço cívico que defende mais democracia e mais soberania mundial.

Esta contradição, que acreditamos não ter sido do conhecimento dos organizadores do FSM, mostra, de qualquer forma, o carácter contraditório de um grupo de debate que não se intitula representativo da sociedade civil mundial nem de uma força política planetária.

"14. O Fórum Social Mundial é um processo que estimula as entidades e movimentos que dele participam a situar suas ações, do nível local ao nacional, e buscando uma participação ativa nas instâncias internacionais, como questões de cidadania planetária, introduzindo na agenda global as práticas transformadoras que estejam experimentando na construção de um mundo novo solidário" (site do FSM, 2012).

O FSM é, na nossa opinião, um movimento fundamental para a construção de uma sociedade mais democrática e pautada pelos ideais respeitadores dos direitos humanos proclamados na Revolução Francesa. Trata-se de um espaço de troca informacional que resulta na conectividade em rede de vários interesses locais e globais.

A importância deste fenómeno global é incontestável: no entanto, como já manifestámos, temos algumas reservas quanto à sua eficácia e à sua génese conceptual para ser um transformador real e efetivo do mundo.

Neste sentido, poderemos fazer um paralelismo ou uma comparação: a ajuda dos bancos alimentares na Europa, que fornecem comida e apoio aos cidadãos excluídos da sociedade, é vista por alguns cidadãos como uma falácia e até uma ofensa da parte de quem é cúmplice de um regime social injusto, que "dá o peixe" a cidadãos sem-abrigo e subnutridos, em vez de "dar a cana de pesca".

Seguindo esta perspetiva, a ajuda alimentar é vista como algo bem-vindo mas inconsequente, porque as causas estruturais da fome não são a escassez dos alimentos, mas a sua desigual distribuição e a lógica capitalista de lucro que impõe essa mesma escassez.

No caso do FSM poderíamos, segundo este fio de argumentação, concluir que este movimento criado por associações civis e por entidades formais como o Governo de Porto Alegre funciona como um paliativo social mundial e um retardatário de medidas revolucionárias para muitos estudiosos e cidadãos do mundo.

A representação de uma pretensa democratização dos meios de produção intelectual e das redes de debate virtuais que constituem a sociedade em rede poderá ser uma prova ou uma maneira de interpretar este fenómeno porque o espaço publico das significâncias globais é vasto e o dumping informacional como já falamos é usado no intuito de confundir ou turvar em alguns casos as visões dos cidadãos do mundo.

A publicitação do FSM, a sua introdução no *mainstream* dos *media* mundiais, e uma aparente aceitação com uma conotação crítica, mas uma assimilação gradual dos poderosos *media* por parte deste movimento, reflete ou poderá representar uma promiscuidade entre o império e o FSM, que paradoxalmente faz parte da complexa rede de mosaicos que constituem a ordem mundial. Se, de facto, a ordem mundial não admite o vazio e não tolera o vácuo, podemos concluir que nada é totalmente revolucionário e nada é totalmente opressor.

O contrato social global contemporâneo, como foi o moderno, é contraditório e de difícil definição. Podemos apostar em visões explicativas do mundo que criem novas realidades conceptuais e virtuais como Castells fez com a sua sociedade em rede. Podemos argumentar que o império não pertence à nuvem centro de poder, que o poder é dissipado em redes e alter-redes institucionais informais de poder soberano.

É legítimo argumentar que o mundo está mal gerido, tendo em conta o modelo capitalista vigente como Stiglitz (2001) faz nos seus livros de análise social.

Moutinho analisa este autor americano e acusa-o precisamente de escamotear uma realidade de injustiça estrutural, afirmando que o regime capitalista atual pode ser melhorado. A distribuição da riqueza pode ser feita de modo mais justo, se, de facto, efetuarmos reformas institucionais e também na sociedade civil. É curioso observar como um prémio Nobel da Economia defende o seu monstro conceptual, nunca se conseguindo desprender dessa paternidade.

A globalização é definida de formas diversas e complexas, como já expusemos.

Temos a convicção de que as definições de globalização, que aqui esboçamos, nos ajudarão a ser e a participar num mundo mais justo. A urgência em definir o mundo é, por si só, uma tarefa fracassada à partida, pois o mundo muda e nós mudamos com ele – o carácter mutante da ordem mundial é, porventura, a sua grande arma.

Paradoxalmente, as bases estruturais da exploração capitalista do mundo e de milhares de formas de atropelos à dignidade humana, que este sistema económico provoca, residem na desigual relação entre o trabalho e o capital, entre quem tem os meios de produção e quem só tem para oferecer a força do seu trabalho.

A análise marxista da História constituirá o centro de análise do próximo capítulo.

Tentaremos ver o fenómeno da globalização através desta teoria e, em simultâneo, fazer debates teóricos comparativos com as visões neoliberais e todas as alter-globalizações presentes no FSM.

O confronto da teoria neoliberal dominante com a teoria marxista e as diversas alter-teorias da globalização trará luz e entendimento para um debate que ainda agora começou, mas que, tragicamente, deveria estar terminado. O carácter urgente da nossa discussão é exemplificado pelos dados da ONU que nos indicam que a fome continua a matar mais gente do que qualquer outra causa; que os direitos humanos proclamados pela

Revolução Francesa não são cumpridos por estados ditos democráticos; que muitos dos nossos cidadãos estão, a pouco e pouco, a ser privados da matéria conceptual que os permite ter outra visão do mundo.

O acesso à informação por parte das gerações futuras será determinada não só pela sua quantidade mas também pela sua qualidade. A informação está perigosamente a ser transformada em discurso de uma instituição apenas. A ordem neoliberal, através do seu processo de concentração capitalista monopolista, está a formar consensos mundiais sem direito ao contraditório.

Negri (2005) alerta-nos para o perigo de um império que não aceita o vazio e preenche, de forma total e paradoxalmente plural, o espaço público e social dos cidadãos do mundo, de forma a constituir uma sociedade imperial e alcançar um mundo fraterno, igual e livre.

É com estas questões e promessas de aprofundamento teórico que partimos para o nosso segundo capitulo, onde se expõe a teoria de Marx, sem nunca abdicar do direito à crítica e, se necessário, a desconstrução do discurso marxista, pois nada é estático e até paradoxalmente desabafou, em célebre carta, que ele mesmo "não era marxista". Nem mesmo Marx reconhecia o carácter dogmático da sua teoria. Apenas identificou as leis explicativas de uma sociedade capitalista tendencialmente imperialista.

"É preciso ser realista e exigir o impossível" (Che Guevara e Maio 1968).

Capítulo 2
Análise Teórica Marxista

A importância do entendimento da teoria marxista é fundamental para tornarmos mais inteligíveis as explicações e os quadros de análise social, feitos pelos nossos contemporâneos sobre o mundo.

Os profetas e analistas atuais da globalização devem muito a um modo de entendimento materialista da História e, mais precisamente, ao contributo enorme e paradigmático que Marx deu a toda a humanidade.

Desde que foi criada, no século XIX, esta forma de entender e transformar o mundo deu lugar a inúmeras revoluções e construções ideológicas. Cada uma destas construções ou apropriações reclamava e reclama a sua pureza interpretativa, a partir dos textos originais de Marx.

No entanto, o que procuraremos neste capítulo é analisar a importância, acima de tudo, da resolução dos problemas que afligem a sociedade planetária, nunca sendo dogmáticos relativamente a doutrinas ou teorias que foram tidas como inquestionáveis para muitos.

A interpretação da teoria marxista respeitará o critério da pesquisa histórica de algumas correntes políticas, filosóficas e sociais que criaram o indivíduo Karl Marx. O homem é ele e a sua circunstância, logo devemos ter isso em conta quando observamos a teoria marxista.

Nesta perspetiva, podemos efetuar um paralelismo entre a análise marxista e as análises sobre o mundo globalizado, abordadas no capítulo anterior, e que representam esta ânsia do indivíduo em conhecer mais e melhor.

A capacidade do indivíduo de ser um super-homem e transformar o mundo depara-se com uma análise que sustenta o total determinismo da estrutura social e do contexto sociopolítico, económico e cultural na ação do indivíduo e da população no seu todo. Será aprofundado o entendimento destas dinâmicas grupais e individuais no centro das mudanças históricas. A estrutura é mais forte do que o indivíduo? O indivíduo é a estrutura? O que é a sociedade? Como são constituídas as relações de força material que impõem as normas e as leis de um estado-nação?

Estas e outras questões serão suscitadas pela nossa abordagem de modo cientifico. Para o efeito, consideramos ter em conta diferentes análises do marxismo, umas tidas como críticas, outras como apologistas, outras como desinteressadas. O fundamental é fomentar o debate e expor as contradições da teoria analisada e do próprio indivíduo, que idealiza as mega-construções conceptuais em que consiste a sociedade global.

Assim, numa primeira fase do capítulo, tentaremos demonstrar as fontes do marxismo, seguindo a análise feita por Lenin, em que se distinguem três fontes fulcrais da teoria marxista: a economia política britânica de Adam Smith; o idealismo alemão de Hegel; e o socialismo utópico de Proudhon.

A Revolução Francesa e a Revolução Industrial foram dois marcos da História europeia e mundial, ao iniciarem um novo processo de socialização planetária. Os meios de produção da riqueza foram transformados com a industrialização numa estrutura mecânica e tecnológica que, a longo prazo, mudou a política e os valores éticos das sociedades ditas industrializadas bem como todo o mundo.

A Idade Média acabou, quando os povos emancipados conquistaram a sua soberania democrática; quando os direitos individuais foram proclamados na Revolução Francesa; quando a ordem feudal de ordenação do território esmoreceu.

O fim de uma sociedade, em que a posse e a riqueza eram determinadas por laços sanguíneos e de descendência genética, deu lugar a uma sociedade onde, segundo a lei institucional, todos seriam iguais.

A nova ordem social e política foi fruto de uma mudança nas relações de produção entre os proprietários dos meios de produção e dos que não tinham mais nada, senão a sua força braçal. Numa sociedade em plena expansão tecnológica e produtiva, as relações de poder e os sistemas políticos adotados foram avançando na corrente liberal e individualista .

A burguesia tornou-se a protagonista desta nova onda ideológica e económica de ver o mundo. A ordem liberal opunha-se ao obscurantismo da fé num ser transcendental, recusando uma hierarquização da sociedade em entidades metafísicas, em dogmas e verdades absolutas. Apoiava o primado da razão científica, da racionalidade experimentalista do empirismo grego.

A explicação dos eventos que rodeavam o indivíduo foi encontrada no método científico e na inteligibilidade, logo na transmissão do conhecimento entre os cidadãos.

O conceito de natureza foi reabilitado no sentido de conferir um carácter maternal, puro e pacífico a um elemento considerado na Idade Média como algo causador de trevas e desgraças.

Os paradigmas éticos mudaram, num sentido romântico, em relação a alguns aspetos do mundo, e noutros, mais materiais, passou-se a ver a realidade de um modo físico e puramente causal.

As fábricas foram construídas, populações deslocadas do campo para a cidade, as mentes mudadas e as lealdades transfiguradas. Nasce a contemporaneidade nas cidades e nos campos. A liberdade individual é associada ao modo de vida industrial, capitalista e liberal.

A apropriação do termo liberdade por parte de grupos de poder intelectual e pós-feudal foi uma das consequências da quebra do sistema feudal. O vazio de poder foi preenchido por uma classe híbrida em que as novas formas de produção mecânicas e ideológicas do conhecimento se cristalizaram em constituições de toda a Europa, impondo, por contágio, uma nova ordem mundial.

A liberdade expressa na lei das repúblicas proclamadas nestes tempos conturbados foi tida como garante de igualdade entre os cidadãos que jamais desejariam voltar ao estado de violência e lei arbitrária vivida na época medieval. Paradoxalmente, os povos viram-se confrontados com novas realidades que por si só não respeitavam nem salvaguardavam os seus interesses coletivos e individuais.

A mudança de paradigma foi saudada por um povo fatigado pelo Rei e pelo Papa. O resultado foi a criação de mais um Rei e de mais um Papa.

Concordamos com a teoria de que o surgimento da teoria marxista, e de homens como Marx, foi apenas possível devido ao surgimento de uma criação liberal, económica e capitalista da Europa.

O filósofo reage contra o que ele chama de exploração capitalista do proletariado. Os conceitos abordados nas suas obras são criados pela própria realidade liberal, económica e capitalista que impôs, através do jogo democrático – logo legítimo – tipos de sociedades onde os meios de produção se mantêm nas mãos da minoria.

A maioria, agora livre, tem que trabalhar e vender a sua força braçal para receber o equivalente ao seu esforço. O assalariado é tido como um avanço emancipador por parte dos liberais que apregoavam com orgulho o triunfo sobre um estado tirano da monarquia absoluta.

A liberdade é tida como um valor fundamental e simbólico de todo um statu quo contemporâneo. A população dos antigos feudos medievais passou a trabalhar nas fábricas da cidade, a consumir em massa, a sobreviver em massa, a ter uma vida coletiva de sobrevivência e de trabalho que, numa primeira instância, poderia parecer uma salvação da opressão dos antigos nobres.

No entanto, o que se verifica é o que Marx (1894) e outros constataram, ou seja, que o empobrecimento da população em alguns casos piorou, as gentes continuavam presas por laços de neo-servidão, a subserviência e a dependência unilateral entre os homens da terra persistia, não obstante a apologia de um regime justo e próspero pelas doutrinas liberais burguesas, que profetizava um grande crescimento económico e social para os próximos séculos.

Adam Smith, na sua célebre obra *Riqueza das Nações* (2009), argumenta que uma sociedade regida pelas leis do liberalismo económico seria uma nação exponencialmente mais rica e solidária. A crença de que o modelo capitalista da economia iria ser um alter-estado e simultaneamente um poder soberano, que seria uma doutrina de vida sob o pressuposto das trocas da economia, florescia com este académico escocês.

A população iria passar pela triagem do mercado, força quase divina que, com a oferta e a procura, ceifava vidas e alimentava os sonhos de todos os cidadãos da época.

A argumentação de que uma sociedade sem a regulamentação de um estado forte, logo sem uma representatividade democrática e soberana forte, seria o melhor caminho a seguir para a maioria do povo foi alimentada e sustentada por uma explosão da produção fabril e por uma revolução tecnológica, aliada a uma presença colonial pelo mundo.

Estas nações que se proclamaram livres para edificarem uma sociedade de cidadãos viram-se confrontadas com um teste ético e moral, o de garantir esses mesmos direitos do liberalismo enquanto corrente geral a todos os africanos, latino-americanos e asiáticos que alimentavam a Revolução Industrial e davam as condições objetivas para que esta sociedade liberal económica fosse criada na Europa.

Esta contradição ética e fatal com que os povos europeus industrializados se viram confrontados foi, na nossa opinião, um sintoma da distância da genuinidade entre a teoria da liberdade individual proclamada na Revolução Francesa e os factos e necessidades de um sistema capitalista, faminto por matéria-prima gratuita e mão-de-obra escrava ou de pouco custo.

As sociedades ditas liberais, que surgiram no século XVIII na Europa, pelo menos na sua maioria, foram imunes a este conflito ético, que fechou os olhos aos princípios universais de justiça proclamados pelos mesmos, e embarcou numa aventura chamada capitalismo e imperialismo.

As consequências são evidentes: a globalização que tentámos definir é um fruto destas escolhas. A revolta intelectual de Marx foi uma das consequências.

O pensador Bertrand Russell (1991) fala-nos sobre a influência da corrente liberal filosófica sobre personalidades, estados e grupos de homens que adotaram e se apropriaram desta ideia do liberalismo que denota várias origens e finalidades.

Uma das primeiras formas desta corrente de pensamento deu-se na Inglaterra e na Holanda, na dimensão religiosa para definir e exigir uma maior liberdade de culto. A criação do mundo protestante foi o reflexo de outras exigências, resultantes de diferentes contextos geográficos e culturais.

No entanto, para Russel, estas classes protestantes recusavam a guerra religiosa e davam mais importância à salvaguarda da propriedade privada, à industria e ao comércio.

O princípio de que cada comunidade ou população podia escolher a sua forma de governação era proclamado como uma democracia protetora dos direitos da propriedade privada. Esta foi a forma de governo apoiada por estes povos.

O papel da educação passou a ser primordial para esta classe de burgueses liberais, que tinham o intuito de conquistar o poder político de forma efetiva. A educação e o primado da meritocracia seria uma esperança para uma classe que nunca tinha sido dominante até então.

Os aristocratas ainda controlavam muitos cargos de soberania.

A construção de uma linguagem contemporânea de poder, as instituições democráticas, a divisão dos poderes do estado, o jogo da democracia passaram a ser as grandes armas desta classe vinda do povo, mas já muito distante da maioria dos cidadãos, que estariam ainda a entender as reais e colossais mudanças que a revolução liberal teve nas suas sociedades e no mundo.

O termo individualista é inerente ao liberalismo dos séculos XVII até à atualidade, no sentido em que este termo foi transfigurado temporalmente, sem que nunca tenha sido abandonado pelos contemporâneos das sociedades europeias.

Na reforma protestante abrem-se as primeiras brechas de um novo tipo de individualismo. A força do coletivo e dos concílios católicos romanos vê-se confrontada com a evidência do erro. Os grupos passaram a ser passíveis de errar.

Com o protestantismo, o indivíduo e a valorização da opinião pessoal passou a ser fundamental e sagrada. A diferença de ideias, muitas vezes, dava lugar à guerra e a disputas violentas; a lei do mais forte não era praticável a longo prazo.

Se, de facto, o ideal de decisão grupal dos concílios católicos romanos fora abandonado por certas nações da Europa, uma solução consensual deveria ser criada, salvaguardando os direitos inalienáveis de cada indivíduo. O contrato social de Rousseau e o liberalismo tolerante de Locke foram as respostas conceptuais e práticas a este dilema. O individualismo e o liberalismo económico apoiaram-se numa filosofia que, com o tempo e a teimosia do mesmo, se transformou em lei.

A revolução liberal, como podemos percepcionar, foi um conjunto de ideias e de interesses individuais e coletivos que se materializaram no tempo e souberam ser intérpretes ou encontraram os protagonistas certos para se transformarem na génese de grande parte da nossa sociedade moderna e pós-moderna.

A resposta de Marx (1894) a um dos tipos de liberalismo e de individualismo apoiado numa concepção capitalista da sociedade será o objeto primordial deste capítulo. A ideia da liberdade foi tida como uma alternativa a um mundo moribundo medieval.

"Nos séculos XIV e XV prosseguiu o desenvolvimento comercial. Também a indústria se desenvolveu, em relação com o desenvolvimento das necessidades (indústria mineira, metalurgia, indústria têxtil). Formou-se uma classe capitalista, que se compõe de industriais que fazem trabalhar assalariados (...), poderosos mercadores e banqueiros." (Henri Denis, 1978, 233).

As relações de produção de bens transacionáveis e a sua relação direta com as matérias-primas vindas das colónias constituíram um ambiente propício para o surgimento de uma burguesia que, numa primeira fase, apenas desejava o lucro. As grandes famílias francesas e holandesas de banqueiros são um exemplo desta dinâmica que mudou o modo de organizar o território, as mentes e as expectativas de um povo europeu que, por consequência, já era global por causa das circunstâncias.

A revolução tecnológica que dura até hoje criou outros interpretes minoritários depositários do poder. A força de determinar a vida dos outros, que antes pertencia a uma estrutura monárquica baseada em valores de transcendência divina, deu lugar a outro mecanismo de poder.

Surgiu uma diversa teia de manter um domínio sobre um território e sobre as mentes da maioria. O estado-nação moderno é a forma material e política destas ideias; as leis que protegem a propriedade industrial e privada foram e são um pilar desta ordem liberal que não tem um pai fundador nem um povo que possa reclamar como o seu intérprete mais fiel.

No entanto. o liberalismo nos séculos XV-XVI começa a ser forjado por um mundo propício a esta maneira de organizar os contextos industrializados. A corrupção do regime do monopólio monárquico era evidente e dava lucros a poucos, com aspirações cumulativas. A vontade em maximizar o lucro vem desta nova classe.

Acreditar na veracidade de todos os pensadores liberais ou protestantes não é algo que seja possível ou desejável de fazer, no entanto temos o desafio de interpretar a História e torná-la uma ciência, um conhecimento que seja inteligível por todos os cidadãos letrados deste mundo. O nosso mundo só se torna nosso se o pudermos idealizar e pensar.

Vasco da Gama descobre o caminho marítimo para Índia em 1498 e toda uma revolução marítima está em curso. As trocas comerciais internacionalizam-se, as indústrias da Europa precisam de matérias-primas e os preços dos produtos tornam-se mais caros na Europa.

Se os lucros estavam a ser exponenciais para os grandes mercadores dos séculos das descobertas marítimas e a produção de bens e serviços diversificados estava em pleno desenvolvimento no centro dos impérios europeus, o povo empobrecia.

Estes mecanismos levaram a uma precarização das populações e a uma crescente insatisfação das massas e da classe comercial que praticava o trabalho do comércio internacional, mas não tinha o lucro desejado. O valor do trabalho, em oposição aos privilégios da consanguinidade, chocava de modo violento. Os monopólios coloniais viriam a ser quebrados por piratas, corsários e navios holandeses que desafiavam as leis das grandes armadas imperiais espanholas e portuguesas.

Nesta guerra de recursos, reforçaram-se ideias e éticas, remodelaram-se as mentes, tendo em conta a eficiência de um país. A capacidade de produzir riqueza para uma nação media-se pela produtividade industrial e pelas reservas em ouro guardadas nos seus bancos ou cofres.

Estes séculos pautaram-se por um misto de monopolismo semi-feudal com um liberalismo económico crescente nos países do norte europeu. As ideias de liberdade, de individualismo, e de liberalismo instigaram a revolta e as mudanças estruturais, mas provisórias, dos estados europeus.

O contexto material de revolução industrial, marítima e tecnológica que se estende até hoje tornou impossível a não mudança das estruturas medievais das sociedades. No entanto, as elites transfiguraram-se, as relações de propriedade dos meios de produção alteraram-se sem que, paradoxalmente, nada tenha mudado. Os nobres passaram a ser capitalistas e os capitalistas passaram a ostentar nobreza – deu-se uma metamorfose simbólica entre estratos sociais.

Estranhas formas de classes sociais híbridas foram forjadas nesta época como o são em todas. Vejamos o caos do atual mundo globalizado, em que as classes transnacionais se criam e habitam terrenos pantanosos de difícil definição. Estas mutações são fruto da dinâmica humana sempre em transformação. O liberalismo interpretou estas mudanças e fez surgir um novo mundo.

A corrente liberal, individualista, como podemos percepcioná-la, foi sendo criada desde os tempos de Aristóteles. A Revolução Francesa foi o culminar das ideias do Iluminismo, que foi sustentado por um regime mundial mercantilista e capitalista.

O culminar das ideias liberais, iluministas e individualistas verificou-se durante a Revolução Francesa, em que um povo elegeu a forma de governo laica e democrática de modo violento e épico. Napoleão foi a consequência trágica de um sonho igualitário, mas a ideia de que todos somos iguais perante a lei perdura até hoje.

Todas as contradições e mudanças de paradigmas em todas as formas e dimensões da sociedade constituíram e formam atualmente o processo de liberalização das sociedades. A doutrina do liberalismo representa várias posturas e mantém-se contraditória. A sua crítica objetiva parece-nos, pois, complexa, controversa e indispensável.

2.1. O legado de Smith

"Nascido na Escócia em 1723, filho de um inspetor aduaneiro, Adam Smith estudou em Glasgow, depois dirigiu-se para Oxford, com o fim de se preparar para a entrada na carreira eclesiástica. Todavia mostrava maior gosto pelos filósofos avançados do que pela teologia" (Henri Denis, 1976, 188).

Este teórico do liberalismo económico e do pensamento humano deixou uma marca na história das sociedades. Através da sua obra realça o papel do trabalho na criação da riqueza, a livre iniciativa e o arbítrio individual como ideais fundamentais.

É abandonada a visão de um estado mercantilista e paternalista no que diz respeito à sociedade, e os cidadãos são o motor do todo social.

A economia como dimensão primordial e explicadora da totalidade do pacto social é reforçada por este autor que torna "evidente" a criação de uma sociedade dominada por um quadro jurídico, político e moral favorável ao comércio, pouco regulado pelo Estado.

A nova forma de organização do contrato social pressupunha um *laissez-faire* por parte dos órgãos de soberania, deixando o mercado regular a sociedade.

O trabalho é visto como a balança que dá a oportunidade a todos os cidadãos de vingar e de acumular capital para atingir um nível de vida digno. A trajetória de cada cidadão na sociedade é vista como uma viagem solitária de uma coragem espartana.

Contudo, esta concepção de sociedade esbatia-se e continuava a contradizer-se com a desigual distribuição de riqueza e de propriedade. A propriedade privada é tida como um valor sagrado, desde o código napoleónico às sociedades burguesas da Europa. Os seus ideólogos conseguiram que este conceito fosse tido como um novo dogma da contemporaneidade.

A posse dos meios de produção, das fábricas, dos barcos, das terras, das armas, ou seja, de toda a conjuntura de um estado-nação é, de facto, fundamental para que um pacto social funcione. Logo, consideramos ingénua a afirmação de que uma sociedade onde todos são livres de trabalhar juridicamente é uma sociedade justa.

Pelo contrário, ao longo da história, constatamos que as sociedades mais livres juridicamente são, paradoxalmente, mais injustas em termos materiais de distribuição de rendimentos.

Smith (2009) fez a apologia de uma sociedade livre de entraves governamentais ao comércio e à atividade financeira, mas negligenciou o facto de que o trabalho por si só não nivela o todo social nem dá oportunidades iguais a todos os cidadãos.

A propriedade privada dos meios de produção de uma sociedade impedem a igual distribuição dos rendimentos. Esta visão aponta para as grandes contradições da teoria liberal económica em geral. Aquele que tem o poder de influenciar os outros indivíduos, tem poder real.

Esta noção de poder traduz-se precisamente na capacidade em influenciar a conduta física e moral de outros cidadãos. Nesta perspetiva, ter a capacidade de regular e acordar um salário para que a produção de bens e serviços seja feita representa poder nesta sociedade capitalista liberal.

Nos tempos de Adam Smith, esta relação de que Moutinho (2011) fala é visível e evidente: quem tem a propriedade privada está em posição de vantagem relativamente aos outros.

Os dilemas morais e éticos ocuparam grande parte da vida de Smith e de outros filósofos do Iluminismo. No utilitarismo inglês, em que o indivíduo agiria segundo a obtenção de prazer e ou para evitar uma dor, a ação é vista como fruto de uma expectativa de funcionalidade, de eficácia para atingir um fim.

A noção de que todos os indivíduos agem desta forma suscita a questão ética do "sentimento de dever" (Henri Denis, 1976, 190). Se, de facto, um ser humano age de acordo os seus instintos primários, tendo em vista a satisfação imediata, como poderemos explicar os kamikazes japoneses que, na Segunda Guerra Mundial, se lançaram aos milhares em ataques suicidas contra o inimigo?

As ações que, aparentemente, contrariam a sobrevivência física do próprio indivíduo ou os gestos altruístas de sacrifício em nome de outro indivíduo, apenas justificados por relações afetivas, são, na verdade, a prova do carácter contraditório do próprio ser humano.

A dinâmica mecânica de uma sociedade liberal, o instinto de sobrevivência e a eficiência económica ou social retratados por Adam Smith são postas em causa pelo livre arbítrio.

Henri Denis afirma que "os moralistas que pretendem continuar a apoiar-se na religião sustentam que a obrigação moral não é mais do que a manifestação da ação de Deus, que nos manda fazer o bem e evitar o mal" (1976, 190).

Smith reconhece que a sociedade obedece a leis mecanicistas e que os indivíduos prestam serviços com expectativas recíprocas entre eles com o intuito de prosperarem e sobreviverem na selva social. Teóricos como Hume negam a perspetiva religiosa e influenciam Smith a ter uma percepção racional do dilema moral da ação humana.

O indivíduo, nesta perspetiva, tem um sentimento de reciprocidade relativamente aos seus colegas de contrato social, a aceitação por parte do grupo que são as testemunhas da interação social de cada indivíduo. O gesto de bondade, que contaria com o interesse exclusivamente privado, é originado através da carência de aceitação por parte dos outros. A admiração dos semelhantes é vista como um catalisador de um gesto bondoso, o que confere uma dimensão moral e meta-racional a todos os homens. A sociedade regida pelo auto-interesse poderá não ser um modelo de perfeição.

Smith é acusado de ser um teórico frio e ingénuo, provocador das injustiças sociais de uma sociedade industrial de mercado global.

A justiça social é vista por Smith (2009) como algo que está relacionado com o funcionamento da economia e que carece da sempre útil reflexão filosófica, no entanto o autor argumenta que a busca da riqueza e o triunfo do auto-interesse são a via a seguir para edificar um *statu quo* próspero e acertado.

Em *Teoria dos Sentimentos Morais* (1767) defende que não existe uma relação mecânica pura entre a economia e o todo social. Neste sentido, cria-se uma dúvida na sua própria teoria, ou pelo menos revela que as questões filosóficas ocuparam um lugar importante durante a sua formação enquanto indivíduo.

Sendo esta formação, enquanto cidadão, constante e ininterrupta, o pensador chega a contraditórias afirmações, por exemplo defende que o povo admira os mais ricos e poderosos pelas suas capacidades em ser e ter privilégios. Estas vantagens de uma classe minoritária da sociedade são legitimadas e perpetuadas pela força formal de um estado-nação e o seu quadro jurídico apoiado pela força bruta. Um dos grandes fundamentos da manutenção do *statu quo* é a construção de uma ideia de sucesso associada ao poder económico.

Esta posição de poder difere entre classes e estatutos sociais. Nas camadas mais baixas da sociedade, o mérito e o trabalho virtuoso são tidos como armas fundamentais para alcançar o sucesso, no entanto nas classes altas e aristocráticas as virtudes são, muitas vezes, deixadas de lado, tendo em conta o real poder dos intervenientes.

A pressão competitiva do capitalismo edificado pelos liberais, e nomeadamente Smith, encontrava nestas especificidades nacionais barreiras, e suscitava dúvidas. Foi uma tarefa árdua defender um modelo de competição e meritocracia, de livre comércio e da busca da felicidade através do lucro, que já nem era considerado pecado.

A missão de converter uma Europa monárquica e mercantilista numa zona liberal de comércio internacional e de acumulação de capital mundial foi tida como difícil, mas triunfou por todo o mundo europeu, alastrando-se pelos continentes colonizados. O grande triunfo deste autor foi criar um modelo de economia e de sociedade, um paradigma de desenvolvimento, tendo como pilar fundamental o entendimento racional das leis económico-políticas.

A criação dos cidadãos iguais perante a lei foi uma consequência ou uma necessidade para estes teóricos, pois a vontade altruística de encontrar um modelo mais justo para as sociedades humanas era genuína.

A aceitação da injustiça social, logo, de formas de pobreza é uma componente da teoria liberal de Smith (2009).

A consciência das imperfeições de um sistema montado para criar bem-estar social é tida como aceitável. Curiosamente, na atualidade, este discurso é usado pelos neoliberais que insistem em montar reformas estruturais económicas e políticas, tendo em conta o fator pobreza. Existem percentagens aceitáveis de pobreza nos modelos económicos neoliberais.

A questão coloca-se em termos éticos a todos os cidadãos da época de Smith e continua a emergir atualmente.

Será que é aceitável a pobreza, a miséria, o sofrimento de outro ser humano, quando sabemos de antemão que existe sobreprodução de recursos e enormes diferenças na distribuição das rendas?

Qualquer cidadão exige o melhor para si e para a sua família. A lei natural de que os filósofos do Iluminismo falavam deixou de existir e transitou para um contrato social, com o intuito de ter vantagens para todos os intervenientes. Porém, os povos do mundo do século XIX e de agora continuam a ter carências na sua maioria. Se considerarmos o conceito de maioria democrática grega como bússola moral e política, como sendo a forma mais justa de tornar a sociedade inteligível, então devemos ficar inquietos e preocupados, porque antes, como atualmente, as leis económicas não conseguiram distribuir democraticamente os recursos do mundo.

A sociedade da época contemporânea de Smith teria a sua ingenuidade por estar a sair de um regime feudal obscurantista. E nós?

Para Smith, a desigualdade de posse da propriedade privada e dos recursos das sociedades é legitimada por uma justiça mágica e invisível.

"O estômago do rico não está em proporção com os seus desejos e não contém mais do que o de um tosco aldeão. É forçado a distribuir o que não consome ao homem que prepara da maneira mais delicada a pequena iguaria de que tem necessidade (...) Só os ricos escolhem, na massa comum,

o que há de mais delicioso e mais raro. Quase não consomem mais que o pobre (....)"

"A Mão invisível parece forçá-los a concorrer para a mesma distribuição das coisas necessárias à vida que teria lugar se a terra tivesse sido dada em igual porção a cada um dos seus habitantes" (Henri Denis, 1976, 192).

A crença na "Mão Invisível" poderá parecer de uma ingenuidade sem limites, no entanto a época era de luzes, de uma esperança contagiante e sustentada por revoluções tecnológicas e industriais. O povo estava maravilhado, os intelectuais acompanharam e promoveram esta crença no sucesso do modelo liberal, pois estava associado aos grandes industriais e comerciantes que exibiam o poder do dinheiro. O novo centro normativo de significâncias sociais de prestígio e estigma estava a ser criado em simultâneo com as mudanças materiais rápidas e estonteantes que a produção em massa criou.

Todo este clima faz-nos entender o fascínio por esta nova forma de produzir riqueza. O trabalho e o engenho na área da economia e da política transformaram-se na grande fonte de poder. A capacidade intelectual entrou no léxico dos poderosos que viam a ascensão de plebeus nos grandes círculos da riqueza.

No entanto, as elites continuaram a existir e o sonho da soberania democrática pura tardava em acontecer. Os liberais questionavam-se acerca destas questões e, sem saber, criaram um ambiente para modelos de sociedade mais inspirados e de igualdade social, no sonho de construir uma sociedade igual, onde manda a maioria.

Estaríamos a ser injustos com Smith, se o caracterizássemos como sendo um frio contabilista de almas. O homem-filósofo tem noção dos valores epicuristas e iluminados do Renascimento. O indivíduo pensante que dá primazia à sabedoria é minoritário, no entanto toda uma ordem social montada na eficácia económica, posta acima de tudo, foi edificada em torno deste autor que fez grandes descobertas e realçou conceitos essenciais para o avanço da sociedade.

O famoso exemplo dos alfinetes explana a ruptura conceptual que Smith (2009) faz com outras escolas de pensamento que defendiam uma causalidade mecânica e sem falhas entre as forças da sociedade.

O trabalho surge como conceito-chave de toda a teoria liberal económica. A ação dos indivíduos nesta sociedade moderna industrial é vista como a chave para a produção exponencial de riqueza nos estados-nações; a divisão do trabalho manufacturado nas fábricas e nos campos afigura-se como uma componente do sucesso, do consumo de massas e da distribuição justa dos recursos pela sociedade.

A Mão invisível começa a ganhar forma nos primeiros esboços de teoria Smithiana.

O trabalho e a mecanização dos resultados e da realidade europeia afiguram-se como exemplos da nova ordem civilizacional.

As máquinas industriais eram vistas como apêndices do indivíduo; o trabalho era auxiliado pela maquinaria e nunca executado por ela na íntegra. A visão antropocêntrica iluminista dava a ilusão a este autor da importância primordial do homem como centro de um processo produtivo.

Atualmente a sociedade é semi-mecanizada e, em alguns setores da economia, totalmente mecanizada, de modo a potenciar o lucro e o sucesso dos empresários. O drama do desemprego, fruto da desqualificação, configura-se de modos distintos entre a época das Luzes e a atualidade.

Contudo, o valor da atividade humana e a sua análise colocada no centro do processo constitutivo de uma sociedade poderá ter sido estabelecido por Smith, um empirista, um realista e, possivelmente, como alguns lhe chamaram, um conformista.

Será que a aceitação da natureza física e intelectual das sociedades do século XIX sugere uma falha na teoria explicativa da sociedade?

A resposta a estas questões angustiou Smith bem como os pensadores da época. Fruto destas interrogações surgiu a construção de um entendimento do regime capitalista, das formas de produção dos bens materiais, e da distribuição e lucro dos mesmos.

"A divisão do trabalho leva a um aumento da habilidade dos trabalhadores, devido à sua especialização, à economia de tempo realizada pelo facto de o trabalhador não passar de um trabalho a outro, à utilização de máquinas" (Henri Denis ,1976, 195).

A remuneração crescente da mão-de-obra rural e industrial e a formação de uma economia de assalariados e patrões levam a admitir que o investimento de um centro detentor de capital acumulado considerável é fundamental para incentivar a melhor e maior produção e a manutenção da harmonia social.

Um sistema baseado na remuneração em divisas, como sendo uma representação do esforço tido para criar um bem material transacionável, impunha-se cada vez mais de forma total. Smith (2009) alega que o capital era benéfico e permitia investir de modo mais racional numa atividade, possibilitando a divisão da produção e do trabalho.

Esta fragmentação do processo de produção dos bens materiais transacionáveis era tida como o milagre da era industrial, uma época de exponencial enriquecimento do género humano. Estas considerações permitem a Smith elaborar argumentos que sustentam o seguinte:

"O preço natural das coisas é igual ao que é necessário para remunerar normalmente o trabalho exigido pela sua produção" (Henri Denis, 1976, 195).

O trabalho deve compensar o trabalhador pelo tempo e esforço utilizados para efetuar uma ação de produção. Este ato leva à materialização dos bens transacionáveis, logo das mercadorias.

O encorajamento do operário ou trabalhador deve ser feito de acordo com o pressuposto da justa remuneração do seu trabalho. O indivíduo deve ter possibilidades, através da sua remuneração, de ter educação, alimentação e um bem-estar emocional devido pela justiça que a sua posição lhe confere.

Para que a produção seja bem feita e eficaz, o trabalho deve ter estas dimensões que implicam deveres e direitos por parte dos intervenientes: assalariado e patrão.

O preço de um produto deve ser calculado pela relação entre o esforço efetuado para realizar um trabalho e as suas contrapartidas. A riqueza é proporcionalmente grande, segundo o cumprimento destes pressupostos.

Esta é uma ideia-chave de toda a teoria de Smith e tem o mérito de pôr o trabalho como conceito fundamental para toda uma inteligibilidade da sociedade capitalista. No entanto, "as fortunas e os rendimentos não são de modo algum proporcionais ao trabalho de cada um" (Henri Denis, 1976, 196), o que denota a consciência da desigual distribuição das rendas numa sociedade capitalista, contrariando mais uma vez a visão que alguns historiadores construíram de Smith, retratando-o como um frio economista.

A frontalidade de Smith, ao admitir as desiguais distribuições da riqueza, não o impediu de elaborar uma teoria de exaltação da liberdade económica e da regulamentação do Estado, fraca em termos fiscais para os comerciantes e industriais que, alegadamente, eram fustigados por regimes mercantilistas na Europa.

A falta de liberdade de ação individual por parte dos mercadores e burgueses de decidir o que fazer dentro das suas propriedades e manufacturas afigurava-se como um entrave ao desenvolvimento das sociedades. Neste ponto, Smith coloca o conjunto minoritário da sociedade dos mercadores como sendo a peça fundamental de todo o funcionamento da mesma.

Para uma sociedade florescer em termos globais, as classes da elite comercial deveriam ser libertadas das amarras do Estado. É nossa convicção que o todo social não obedece ao interesse de classes minoritárias, logo a análise que Smith efetua e as suas exigências de liberdade em termos genéricos, como se de toda a sociedade se falasse, poderão ser, na verdade, tentativas de defender interesses específicos.

Tomar a parte pelo todo em termos de ordem social poderá ser trágico, como verificaram os pensadores do socialismo utópico e Karl Marx quando encontraram profundas contradições com a entusiástica teoria da "Mão Invisível" de Smith.

Surge mais uma vez a questão de saber o real empenho em formar uma sociedade mais justa em termos de distribuição da riqueza em termos numéricos. A aceitação da pobreza persegue a teoria liberal por toda a sua complexidade conceptual.

O contexto histórico mais uma vez dá a Smith o benefício da duvida, na sua grande obra *Riqueza das Nações* (2009). Nesta obra que imortalizou Smith, são criados conceitos e feitas análises que constituem um discurso científico da economia. O valor do trabalho, a troca, a formação dos preços e, fundamentalmente, a questão do valor de troca e do valor trocável são pilares da teoria desenvolvida por este empirista.

O desenvolvimento de uma relação entre a escassez de um produto e a sua valorização como bem transacionável merece atenção e converge na teoria da procura e da oferta. Se o preço de um produto é configurado tendo em conta o trabalho do operário bem como a remuneração implicada no processo e todas as dimensões do custo de produção, podemos concluir que o seu preço é também influenciado pela sua disponibilidade e pela procura do mesmo.

Num pais onde a seca é grave, a água será mais cara do que o vinho. O raciocínio poderá ser feito de modo diverso, mas a teoria da escassez, do valor do trabalho e dos produtos é fundamental para entendermos como esta sociedade liberal económica foi e é legitimada pelo tempo.

Nos conceitos *valor de troca* e *valor de uso*, instituídos por Smith, está implícito que o valor *"significa a utilidade de um objeto particular e outras vezes significa a faculdade que a posse desse objeto dá de comprar com ele outras mercadorias. Pode-se chamar a uma valor de uso, e a outra, valor de troca"* (Henri Denis, 1976, 198).

O *valor de uso*, para o autor, representa objetos específicos e identificáveis, como a água e a comida que são essenciais para a subsistência efetiva de um indivíduo. No entanto, como exemplifica Smith, um diamante é de grande valor de troca, mas não serve para para nenhuma necessidade material e imediata. O valor de uso e de troca apresentam-se como constituintes do todo social, representam atores de interação social, componentes de uma equação casual e determinada pelo funcionamento do mercado. Na verdade, eles são o próprio mercado.

O *valor de troca* é o conceito que mostra a importância das interações sociais e as relações sociais de produção. Desta forma, Smith argumenta que *"a troca das mercadorias é, na realidade, a troca do trabalho necessário para a produção das mercadorias"* (Henri Denis, 1976, 199).

Esta dimensão social dos mecanismos económicos e do funcionar das transações económicas mostra a importância dada ao papel do trabalho e das relações sociais que englobam a atividade humana na produção de bens e serviços mediante uma remuneração. O social explica-se pelo social.

Por este motivo, podemos argumentar que Smith consolida, sem dúvidas, a visão explicativa do mundo que entende, de modo empírico, a sociedade de forma global, dando sempre primazia ao fator económico, mas nunca esquecendo as complexas relações entre o capital e o trabalho, entre as minorias e as maiorias, as posses e os direitos.

Juntamente com os conceitos de valor de troca e de uso, a divisão do trabalho serve para constituir uma ciência da economia.

A construção de uma sociedade mais livre e rica foi, de facto, o intuito de Smith.

Entendemos que uma mercadoria é valorizada pelo trabalho efetuado no seu fabrico. O valor transacionável advém deste cálculo que é explicado em termos genéricos pelo autor, pois as especificidades de cada realidade deveriam ser tidas em conta, para não mencionar o etnocentrismo europeu de todos os liberais iluminados.

O autor avança na sua teoria e argumenta que o seu conceito de valor de troca é aplicável numa sociedade primitiva e hipotética, onde os indivíduos obedeceriam a esta valoração dos bens materiais e desenvolveriam relações de produção e de troca objetivamente justas, de acordo com o seu conceito de valoração.

Os indivíduos teriam uma predisposição para a troca de produtos e de favores, e esta forma de agir estaria inscrita inatamente no espírito humano.

"Se o preço natural de uma mercadoria, pensa ele, fosse igual ao montante dos salários pagos para a obter, tudo seria mais simples." (Henri Denis, 1976, 200).

Nesta senda filosófica e científica de tornar inteligíveis as causas que movem as sociedades, o autor argumenta que, na sua época, as condições de total correspondência do valor-trabalho de um produto não existiam. Esta dinâmica apenas se observava num estado de pré-acumulação capitalista; o indivíduo recebia por inteiro o valor do seu trabalho.

A acumulação do capital industrial e latifundiário, juntamente com uma redefinição de propriedade privada, modificaram as regras do jogo. Na época, o código napoleónico e todas as constituições liberais da Europa tinham consagrado o direito à liberdade de possuir uma propriedade, direito esse inalienável e insubstituível.

Certas terras foram cercadas e divididas em propriedades privadas em toda a Europa, e o conceito de terrenos comunitários baldios desaparece em grande parte, dando lugar à privatização dos meios de produção considerados públicos anteriormente.

Todas estas mudanças foram percepcionadas pelo povo como gestos de emancipação, um sinal de libertação em relação à ordem medieval. Não obstante, Smith (1776) admite que a sua teoria económica é imperfeita, pois o ser humano também o é.

O capital é visto como algo que "permite aumentar a produtividade do trabalho" (Henri Denis, 1976, 201). Nesta perspetiva, estuda e define dois conceitos que absorveu das suas ligações sociais com os mercadores e comerciantes da época: o capital fixo e o capital circulante.

O capital fixo serviria para comprar a maquinaria essencial para a produção dos bens transacionáveis; e o capital circulante corresponderia aos salários e às matérias-primas, Trata-se de uma distinção que revela um esforço em criar um esquema conceptual científico de análise económica.

A teoria dos rendimentos tenta aprofundar a relação entre capital e trabalho, entre valor e produção. Para o efeito, Smith analisa por categorias de pessoas da sociedade moderna a sua relação com a renda, a justeza, as casualidades e perversidades de um sistema que se vai construindo à medida do progresso geral da sociedade enquanto um todo.

Uma inteligibilidade social e dos seus mecanismos explicativos era fundamental para entender a economia, uma dimensão fulcral do todo social que era inexistente sem a explicação global dos factos sociais.

Smith analisa, então, os rendimentos dos trabalhadores ou, como ele chama, "o salário das pessoas ocupadas na produção" (Henri Denis, 1976, 202). Neste ponto, o salário dos trabalhadores é tido como justo na medida em que seja o suficiente para alimentar e fazer sobreviver o operário, para que ele possa voltar nos dias seguintes com a força indispensável para produzir de modo eficiente. A visão de Smith sobre a remuneração dos trabalhadores revela uma partilha das ideias contemporâneas da época e uma triste aceitação das mesmas.

Podemos interpretar que esta concepção de justiça remuneradora carece de humanismo e não vai ao encontro da Declaração Universal dos Direitos Humanos atuais. Vemos, por isso, que esta época e doutrina foram apenas o início do aperfeiçoamento das condições e estudos das relações humanas de produção. O autor admite que, no caso de grande riqueza e prosperidade, os salários podem subir acima do valor da sobrevivência e justeza por ele determinada.

Contudo, esta sobre-remuneração daria lugar a uma fecundidade exponencial, os operários ousariam conhecer e viver com mais família, mais dignidade e mais futuro. E esta possibilidade de aumento populacional é vista como perigosa, pois a produção de homens deve ser tida em função dos recursos, como se os indivíduos fossem mercadorias e obedecessem às regras do mercado económico internacional.

Esta visão é, de facto, assustadora e retira em parte o benefício da dúvida que anteriormente atribuímos a este autor. O Homem é criado como objeto material, e a contabilização do mundo em torno da eficiência da acumulação capitalista começa o seu reinado.

O lucro do capital, e de quem tem uma acumulação inicial de riqueza, é descrito como uma parte do valor do preço total da mercadoria. O bem transacionável adquire um preço, de acordo com o trabalho efetuado, e com o risco do investidor em pôr a sua riqueza dependente do sucesso da produção e comercialização de um produto.

Desta maneira, Smith torna o conceito mais tarde desenvolvido por Marx (1894) de mais-valia como algo normal e decorrente do sistema económico de produção. O capital fixo, que serviria para comprar as máquinas e as matérias-primas, era sustentado por uma entidade que arriscaria o seu dinheiro com a expectativa de um lucro. Os trabalhadores produziriam para criar o seu salário e uma quantia extra e excedente que seria, por direito, dos patrões industriais.

Em relação à renda fundiária argumenta-se que a relação entre o preço das colheitas e os salários pagos aos trabalhadores deve determinar a renda pedida pelo proprietário. A diferença entre estes dois indicadores e o capital empregue deve determinar o valor. Os proprietários estão em posição de vantagem e risco.

Se, por um lado, existe o risco de apropriação indevida e incumprimento de um contrato para com o arrendatário, provocando perdas de lucros hipotéticos exponenciais; por outro, os proprietários têm "a faca e o queijo na mão", ao terem a propriedade das terras, logo dos meios de produção e dos fundamentos físicos da criação de produtos.

Este grupo de indivíduos privilegiados beneficia de uma situação de monopólio. A procura de terras para a produção lucrativa ou de subsistência é exponencial e constante, logo a posição de vantagem parece-nos óbvia.

Desta maneira, os lucros dos patrões capitalistas e as rendas dos terrenos agrícolas são equiparados a dimensões do aparelho produtivo do país. O trabalho e o valor dos produtos são, mais uma vez, vincados por estas construções conceptuais.

O autor reconhece que, na sociedade capitalista, o trabalhador não recebe todos os benefícios do seu trabalho e que os capitalistas têm uma posição de vantagem e fazem uso dela.

Este uso destas posições privilegiadas são descritas como o normal funcionamento do sistema capitalista, se bem que resultam em desiguais distribuições da riqueza.

O capital, nesta perspetiva, incentiva a produção, porque quer o trabalhador quer o patrão têm interesse na eficácia e no valor acrescido dos seus produtos. No entanto, a riqueza é manifestamente mal distribuída.

Nesta análise, Smith aceita a desigualdade entre direitos de benefício dos trabalhadores e da riqueza criada no processo de produção capitalista. Esta resignação é desconcertante e paradoxal, e o espírito iluminista que o autor perfilhava deveria, em nosso entender, ter originado uma concepção mais igualitária da sociedade e do sistema económico.

No nosso entender, o autor adotou, paradoxalmente, uma atitude de fé no que diz respeito às aceitações das leis da economia da sua contemporaneidade. Esta crença transparece nas teorias e nas suas interpretações.

A aceitação de que o povo maioritário e consciente aceitaria ter menos, e continuar a ter menos do que a minoria da sociedade, poderá ter sido um grande erro na análise de Smith, que sempre alternou entre análises brilhantes da realidade socioeconómica e interpretações pouco realistas do todo social.

Os trabalhadores não considerados produtivos foram definidos nesta teoria como aqueles que são assalariados, mas que não pertencem à estrutura produtiva clássica, indústria e campos. Segundo o autor, estes indivíduos, que teriam profissões liberais, como advogados ou até os caseiros de grandes propriedades, têm uma condição particular.

Os trabalhadores produtivos, para Smith, são os protagonistas da criação física dos objetos transacionáveis na rede de distribuição. Os outros são tidos como improdutivos e recebem o seu salário através de uma tributação estatal, de uma canalização de rendimentos que, em parte, provém do aparelho produtivo.

O esquema de tributação e de equiparação das injustiças através de políticas fiscais é tido como regulador. Estes trabalhadores improdutivos também pagam imposto e alimentam a sua própria remuneração.

A teoria da formação dos rendimentos constitui-se por todas estas dimensões que abordámos.

O conceito de produção nacional, para o autor, é a soma dos salários dos trabalhadores produtivos e dos lucros do capital industrial e rural. Desta maneira estabelece uma relação de causalidade e de interdependência, por vezes, determinista entre todos os atores da sociedade, reconhece as suas desiguais condições, e faz com que fiquemos com a sensação de que a aceitação do *statu quo* é inevitável ou difícil de fugir.

A teoria liberal de Smith (2009) parte de pressupostos deterministas e pouco flexíveis, que são postos em causa pelo próprio autor à medida que vai entendendo, com mais cientificidade, a realidade ou as hipotéticas causas do *statu quo*.

Para explicitar o efeito conflitual do sistema capitalista, Smith refere as intenções dos mercadores e dos capitalistas, tendo em consideração o papel do estado soberano ou semi-monárquico.

O autor argumenta que, não obstante o conflito entre estas classes socioeconómicas, devemos ter em conta que a sociedade livre da regulamentação mercantilista promove a riqueza exponencial das nações.

A produção industrial deveria ser aumentada por novas divisões do trabalho, mecanização e um novo quadro político-jurídico que constitui as bases para uma sociedade capitalista.

Neste sentido, paradoxalmente, afirma que os lucros dos industriais deveriam diminuir, na medida em que a livre concorrência iria reduzir o preço final do consumidor e espalhar os lucros dos capitalistas entre os mesmos.

Nesta perspetiva, as margens de lucro consideradas muito elevadas são contrárias ao interesse geral. A divisão dos rendimentos é o fruto das forças de produção e da ordem natural inerente ao ser humano. As sociedades que Smith tentava idealizar e empiricamente diagnosticar estavam em mudança, e existia uma oportunidade de estabelecer novos paradigmas de análise e de conduta.

A poupança e os lucros originados pela acumulação de capital, que, por sua vez, era constituída por oportunidades que a sociedade no seu todo dava e proporcionava aos cidadãos, representavam a prosperidade e o modelo económico desenvolvido por Smith. O valor do trabalho é juntamente com estas dimensões do liberalismo um elemento fundamental para entender a visão do mundo e das realidades de todos os cidadãos modernos e iluminados.

O importante a reter é o surgimento de um mercado global e da sua aceitação pelos teóricos e agentes da economia europeia, o que nos leva ao tema das colónias que representavam um natural espaço de exportação dos excedentes industriais.

A teoria do crescimento para Smith (2009) constitui-se pela criação de riqueza através do investimento agrícola. Quando esse investimento fica saturado, o capital vira-se para a manufactura, e quando o excedente atinge os produtos industriais, a opção natural é a de exportar essas mercadorias.

A fatalidade desta lógica é sustentada em termos de uma eficiência económica, que obedece a leis por ele estabelecidas. O carácter mecânico e determinista é assustador para nós, humanistas, que ainda acreditamos na liberdade, igualdade e fraternidade.

Tanto Smith como Locke consideravam que os modelos económicos liberais e toda a nova cidadania, que implicava uma revolução destas, estavam ao alcance apenas dos povos europeus dos países industrializados ditos desenvolvidos. Ou seja, apenas as sociedades que tinham um sistema capitalista estavam incluídas nestes modelos civilizacionais.

É, de facto, chocante o etnocentrismo revelado por estas figuras do liberalismo. A sua análise de uma sociedade mais justa e próspera excluía a maior parte da população mundial.

Que validade pode ter uma teoria que tem este pressuposto?

A validade da teoria do liberalismo de Smith foi aprovada pelo seu tempo e pela benevolência histórica com que foi tratada. No entanto, o que suscita o nosso interesse é o legado conceptual que este autor deixou para a construção da teoria económica, incluindo a teoria marxista.

O valor do trabalho e a sua relação direta com o preço da mercadoria parece-nos ser o fator central do liberalismo, que originou uma análise crítica por parte de Marx e vários setores das sociedades europeias. O trabalho constitui o preço final de um produto; o salário de um operário é fruto dessa relação e de todas as dimensões que já referimos.

Se o trabalho é a origem de toda a riqueza, então a distribuição dessa riqueza deve ser feita de acordo com as ideias da equidade consistente com o trabalho real efetuado.

A teoria de Smith (2009) recusa esta premissa e defende que o valor real do trabalho é dividido entre trabalhador e patrão. Os trabalhadores não recebem o valor real do seu trabalho, o lucro é tido como legitimo e originário de uma maior distribuição da riqueza para os patrões e capitalistas. A ordem das coisas é tida como natural e inevitável.

2.2. A metamorfose inglesa

Em Inglaterra, a industrialização e a aplicação das ideias liberais deram lugar a uma sociedade diferente nos seus pressupostos, mas igual na sua desigualdade.

Smith teve o mérito de identificar a atividade humana, organizada em diferentes modalidades de produção. Dissecou a distribuição das rendas, problematizou todo um *statu quo* económico e social, mas teve um otimismo exacerbado quanto à sociedade capitalista liberal, que deu azo às maiores irresponsabilidades intelectuais e práticas.

O que pudemos observar foi o facto de que, na continuação da revolução industrial e francesa, a sociedade manteve grandes franjas maioritárias da sua população na miséria, e a minoria, constituída por capitalistas e antiga aristocracia, manteve o poder.

O poder político passou a pertencer a uma classe cada vez mais profissional do uso institucional da força do Estado, os trabalhadores improdutivos. A dominação económica e geral de todas as outras dimensões estava nas mãos de comerciantes e mercadores industriais que lucravam valores tidos como imorais para uns e justos para outros.

Mais uma vez, constatamos que um *statu quo* pode ser visto e legitimado de deversíssimas formas.

Na nossa perspetiva, o critério que deve dar razão ou mais pertinência a uma das partes deve ser o critério da vontade maioritária ou da soberania.

Esta nossa convicção foi partilhada por uma nova classe de cidadãos que viam e sentiam o sonho liberal do industrialismo desvanecer-se e, em alguns casos, piorar as condições dos seus cidadãos e compatriotas.

O consumo de massas que Smith (1776) previa não se verificou na totalidade; os preços não baixaram exponencialmente; os monopólios não acabaram, e até aumentaram em alguns casos.

Floresceu o capitalismo. As leis económicas liberais chocaram com a realidade dos factos.

As populações de indigentes que originaram a Revolução Francesa mantiveram-se na sociedade industrial e moderna, e os agricultores que se viram perdidos nas grandes cidades deram lugar a cidadãos carenciados, desprovidos de meios para sobreviver.

A barbárie da desigualdade humana persistiu, enquanto os capitalistas minoritários monopolistas ou neo-monopolistas foram prosperando, contrariamente ao que Smith tinha previsto.

O *statu quo* mudou na sua forma.

As análises mantiveram-se, mas os protagonistas mudaram e transformaram as ferramentas conceptuais que, mais tarde, viriam a mudar o mundo e continuam a mudar. Smith foi um desses novos intérpretes do novo mundo tecnológico, global e capitalista.

Já nessa época o mundo se apresentava cada vez mais complexo e diverso. A multiplicidade de teorias explicativas do mundo é apanágio da nossa contemporaneidade mas também dessa época que se caracterizava por um mundo já ligado e, cada vez mais, um planeta global e interdependente.

Os liberais abriram as portas para a análise da sociedade capitalista, esclareceram conceitos e abriram caminhos de investigação científica. Os grupos de homens e de escolas de pensamento que surgiram darão lugar à teoria marxista.

A sociedade capitalista suscitou dúvidas. O estado de graça acabou quando os socialistas utópicos entraram em cena.

A noção de estado contemporâneo de direito, ou algo que se caminhasse nesse sentido, revela que Smith (2009) partilhava das teorias de Montesquieu e de Locke, defendendo um estado regido por uma constituição e de uma semi-representatividade relativa.

Os estudos de Rousseau e todos os pactos sociais de entendimento social, que foram sendo impostos pelos intelectuais e pela situação material da História na época do liberalismo, foram interpretados e assimilados pelo autor.

O seu reconhecimento genuíno da impossibilidade de alterar certas regras naturais e predisposições que o homem-cidadão ainda preservava do seu estado natural, descrito pelos filósofos iluministas, esclarece a questão filosófica e o dilema de Smith.

Mais importante do que a análise económica e técnica de um sistema económico que deu lugar a uma reacção materialista e posteriormente marxista, é o dilema moral e filosófico que foi criado.

A revolução da produção de bens materiais na Europa e o progresso cientifico não foram suficientes para alcançar os sonhos da liberdade, igualdade e fraternidade. Os homens continuavam na sua maioria pobres e carenciados.

O contrato social proclamado por Rousseau não tinha sido atingido, segundo a perspetiva dos críticos do liberalismo, nomeadamente os socialistas utópicos e marxistas. Os ganhos e as perdas resultantes do contrato de cidadania moderna ou contemporânea não pareciam estar equilibrados.

O estado soberano, paradoxalmente, seria o suporte de um regime liberal que negava o próprio estado. A regulação soberana de um território só pode ser feita através da soberania. Poder-se-á argumentar que o poder económico é sustentado pelo poder das instituições de poder militar, normativo e político.

A nova ordem global foi apresentada como algo de natural e espontâneo por parte de Smith (2009) e de todos os liberais, como se fosse o único caminho a seguir na encruzilhada da evolução humana.

A ordem natural, tornada em ordem jurídica e institucional, teria dado lugar a um estado de competição capitalista, onde a acumulação de capitais e de recursos seria feita de modo exponencial. A maior parte da população deveria e seria, fatalmente, beneficiária desse progresso.

Aceitando estes pressupostos de desenvolvimento humano e social, deveríamos ter então ignorado a possibilidade do surgimento do contraditório.

A versão errada e problemática do liberalismo económico foi, de facto, descrita e criada através de uma análise materialista da realidade. Desde os utilitaristas britânicos aos socialistas utópicos, observamos que existe sempre alguém que diz não. A natureza humana suscita dúvida.

Poderemos especular que, se Smith tivesse vivido na época de Marx, poderia ter corrigido algumas das suas previsões. No verdadeiro espírito científico e liberal, poderia ter feito o contraditório e poderia ter sido ele o intérprete do marxismo. O próprio Marx, se tivesse vivido na época e no contexto de Smith, poderia ter encarnado a figura do célebre pensador.

Tudo isto é especulativo e permanecerá nesse campo. No entanto, a questão moral e filosófica, logo política, permanece na nossa perspetiva como sendo fundamental para analisar os teóricos dos nossos tempos.

A crença de que as leis económicas de eficiência determinam a realidade sociopolítica de modo autoritário e despótico está, no nosso entender, errada. Somente a política e as decisões revestidas de soberania democrática poderão ter autoridade e ser vinculativas para os povos do mundo.

A soberania democrática e a autoridade emanada pela mesma é a chave na nossa análise. Poderemos interpretar as reações dos socialistas utópicos e dos comunistas como sendo um aperfeiçoamento da democracia, um grito de justiça, de acordo com os ideais da liberdade, igualdade efraternidade.

Neste sentido, poderemos argumentar que a ordem global dita e aclamada de globalização é, de facto, fruto do sistema capitalista, como Mário Moutinho (2011) e Lenin (1977) argumentaram nas suas obras. Este statu quo planetário pressupõe muito pouco de acaso e inocência enquanto realidade dominante.

Paradoxalmente, o herói tornou-se o vilão. O liberalismo económico poderá ter- se tornado, na atualidade, no poder dominante e conservador. A estrutura de poder e de conservação do mesmo implica toda uma máquina ideológica, política e militar. Hoje os instrumentos conceptuais e práticos são de maior alcance do que na época de Smith.

No entanto, a dinâmica de dominação poderá ter-se mantido na sua essência: o homem continua preso à sua condição de animal, possuidor de poder arbitrário, de uma violência avassaladora e de um juízo implacável para quem ponha em causa a ordem estabelecida e dominante. Se tivermos o critério da universalidade da equidade de uma distribuição de renda, o estado atual é, de facto, insatisfatório.

"O que é extraordinário é a possibilidade de fazer um balanço claro sobre o empobrecimento do planeta em geral e do alargamento do fosso entre os detentores do capital (palavra sempre evitada) e os detentores da Força de Trabalho. Aliás, em momento algum é dada alguma importância à relação entre Capital e Trabalho. Um sistema económico se existe, é o "Sistema de Mercado" que em momento algum é explicitado nem o que é, nem onde vai, nem a sua nacionalidade." (Moutinho, 2011, 54).

A resposta a este discurso de esperança e otimismo na realidade liberal e política que se vivia na Europa foi o desencanto.

A dialética de Hegel desenvolvida no século XIX dá-nos um entendimento evolutivo do saber e da autoconsciência do próprio ser de cada indivíduo. A concepção de um conceito, um valor, uma realidade e todas as dimensões que constituem o todo social obedecem a uma lógica orgânica que pressupõe fases de desenvolvimento e relações causa-efeito e que nos ajuda a entender o surgimento de pensamentos críticos da realidade industrial e capitalista liberal no século XIX.

A crença na eficácia do sistema liberal cai por terra, quando as populações e alguns intelectuais observam o facto da persistente e desigual distribuição dos recursos população maioritária.

As massas que foram atraídas pelo sonho da revolução industrial, pela promessa de melhores trabalhos e remuneração, vê-se confrontada com a realidade da precariedade e miséria, igual ou pior àquela que viviam nos seus anteriores contextos sociais.

No caso dos habitantes do campo verificou-se um desencantamento pelo modelo industrial capitalista, uma real consequência do incumprimento dos ideais iluministas de liberdade, igualdade e fraternidade.

Segundo os socialistas e críticos do *statu quo* da época, estas premissas de um novo estádio social, de direitos e conquistas tecnológicas, de uma exponencial riqueza foram defraudadas.

A promessa da igualdade de direitos em ter e possuir legalmente uma propriedade e, literalmente, um pedaço de terra foi um dos grandes pontos que seduziu as massas, juntamente com a igualdade perante a lei. Estas revoluções iluministas criaram as cidadanias contemporâneas ou, pelo menos, materializaram o carácter universal das conquistas do estado de direito.

A burguesia que pertencia ao povo exigia mais poder de decisão, e neste sentido elaboraram uma concepção de estado em que todos eram iguais perante a soberania, criando desta maneira a ilusão de que a maioria da população teria oportunidades iguais.

A questão da propriedade privada, na concepção burguesa do termo, toma um papel central, porque como o rei na época feudal legitimava a posse da terra através de explicações metafísicas, os burgueses legitimavam a posse da propriedade através do discurso que proclamava a liberdade de todos em perseguir um bom negócio e o lucro.

Segundo esta visão, todos poderiam ser ricos e ninguém estaria imune à pobreza.

Um detalhe que os políticos e os ideólogos liberais se esqueceram de mencionar ao povo foi a posse real e efetiva dos meios de produção e das propriedades do país. A posse das fábricas e dos terrenos tinha sido transferida em parte para uma classe minoritária de mercadores e capitalistas, enquanto que uma parte da aristocracia tinha conseguido manter o seu património.

Este cenário passou-se em todos países industrializados, nomeadamente Inglaterra e França. Neste sentido, podemos verificar que a posse das riquezas não obedeceu, de facto, ao espírito de igualdade proclamado pelos governantes liberais, pois a maioria do povo continuava sem poder para dirigir a sua vida.

A sobrevivência da maior parte dos indivíduos continuava dependente de uma minoria que já não exercia um poder medieval, mas continuava a influenciar as vidas da maioria dos povos. A propriedade foi considerada, por estas novas sociedades, como inviolável e sacrossanta.

Novos dogmas foram impostos ao povo de modo universal e pedagógico. O carácter global das vontades do estado e a imposição do "povo" sobre todos os demais eram avassaladores, no entanto a maioria da população continuava a ter carências económicas e de dignidade humana.

Vemos que o discurso institucional era bem diferente da realidade em que as máquinas e as indústrias tinham tomado o papel dos campos e das ceifeiras. Ou seja, a revolução tecnológica continuava a manter a miséria do povo.

Por isso mesmo, em França surge a corrente dos socialistas – mais tarde chamados de utópicos pela corrente alemã marxista. Esta visão do mundo alertava precisamente para as situações de exploração para com a maioria da população por parte de quem possuía o capital.

Os trabalhadores por conta de outrem eram, segundo os socialistas, forçados a vender a sua força braçal, porque não tinham outro modo de sobreviver. O seu esforço físico e sua força constituíam o alimento para a produção capitalista, que tinha já superado os dilemas morais postos em evidência por alguns filósofos. O lucro passou a ser o grande objetivo destas sociedades burguesas liberais. Na verdade, sempre o foi.

Nesta perspetiva, não podemos censurar os ideólogos da doutrina liberal que nunca esconderam as suas intenções. No entanto, os socialistas argumentavam que o povo deveria saber e libertar-se destas condições de exploração, e é neste sentido que surgem as primeiras análises sobre o processo de produção e as condições laborais dos operários e trabalhadores que recebiam dinheiro por esforço físico: vendiam a sua força braçal.

Esta dinâmica de relacionamento humano, segundo os socialistas, deveria ser exposta através do debate e de ações cívicas. A contestação social poderia ser alcançada sob a forma de reformas e lutas que despertariam as populações.

2.3. Proudhon e a crítica à doutrina liberal

Proudhon surge como uma crítica. Denuncia o sistema capitalista delineado pelos governos liberais da Europa, e ataca a propriedade privada como instrumento de poder arbitrário e exploratório por parte da minoria dos patrões que, com esta posse, impunham a ordem das coisas ao povo maioritário.

A posse é um conceito fundamental no pensamento de Proudhon (1966) que teoriza sobre a legitimidade e moralidade deste conceito.

O direito à propriedade privada tinha sido uma bandeira das revoluções liberais um pouco por toda a Europa. Estas ideias tinham sido bem acolhidas por todo o universo social que estava saturado da ordem monárquica e mercantilista.

O que diria um camponês ou um operário que vivia sob o terror da espada do rei Luís XIV, ao entender que uma nova ordem social estaria a ser montada?

A receptividade do liberalismo económico foi grande no início, mas os socialistas – chamados utópicos por Marx (1894) – mais tarde começaram a entender que as conquistas das revoluções da igualdade não foram conseguidas e foram inclusivamente desvirtuadas.

A promessa de uma constituição que desse igualdade perante a lei para possuir uma propriedade e para trabalhar com o intuito de construir riqueza foi, na verdade, a promessa do liberalismo. O que os socialistas entenderam mais cedo do que a restante população foi que as injustiças sociais entre capital e trabalho permaneceram, e em alguns casos pioraram as condições de miséria vividas pelo povo maioritário.

Neste sentido, Proudhon (1966) afirma que a propriedade é homicida e é a origem de todos os males, como tinha anteriormente afirmado Rousseau (1767), ao denunciar o seu carácter corrupto. No entanto, aquele autor observa a questão da posse de modo mais materialista e argumenta a imoralidade da posse por quem não trabalha nos respetivos meios de produção.

A tese de que a terra é de quem a trabalha – que serviu e continua a servir de mote a inúmeras lutas de libertação agrária por todo o mundo – foi reforçada por este pensador francês, que denunciava o carácter imoral da posse por parte dos patrões, quando segundo a justiça moral deveria ser partilhada por todos aqueles que, de facto, exercessem uma atividade física, ou seja, trabalhassem.

Neste sentido, Proudhon (1966) propõe um modelo de gestão coletiva através de cooperativas e associações, que deveriam salvaguardar os interesses coletivos e repor a moralidade no processo de produção. Os trabalhadores deveriam organizar o seu ritmo de trabalho e as remunerações consoante as decisões coletivas das assembleias.

Na Idade Média, a posse era legitimada pelo rei e por uma ordem transcendente; os liberais, por seu turno, legitimavam a propriedade pelo direito jurídico, resultante de um contrato social de consensos alargados. Os socialistas franceses, nomeadamente Proudhon, defendiam que a legitimidade advinha do trabalho.

A posse era fruto do trabalho bem como a riqueza era gerada pela atividade humana. Neste sentido complementa a tese da economia política britânica de Smith que punha o trabalho como elemento fulcral de toda a economia, logo da sociedade.

Começa a ganhar terreno o reforço das relações entre o capital e o trabalho que são definidoras de todas as outras dimensões sociais.

A visão materialista da História consolida-se com Proudhon (1966) que tenta interpretar a realidade de forma empírica, alertando para dimensões palpáveis e concretas como as condições de trabalho dos operários agrícolas e industriais. A terra e as fábricas, a produção da riqueza numa era já industrial, foram para este pensador o seu combustível intelectual.

Nesta perspetiva, o pensador francês argumenta que as cooperativas devem autogerir as propriedades produtivas bem como as relações sociais que daí advêm. O todo social deveria obedecer a uma maioria de decisão.

Contudo, o autor nunca abdicou da liberdade individual e recusava a nacionalização do aparelho produtivo e a deliberação por órgãos de soberania sobre o indivíduo.

Esta posição poderá parecer uma contradição porque, se por um lado, a coletivização da gestão da produção capitalista era pedida pelo autor, por outro, a liberdade individual era proclamada como fundamental.

Talvez neste ponto resida a falha na análise de Proudhon. Talvez o pensador não tenha entendido as relações determinantes causa-efeito que têm e tinham, nas relações humanas, a produção dos bens materiais de uma sociedade e a sua posterior distribuição.

A propriedade é vista como opressora e libertadora nas mãos do povo maioritário, sem cair novamente na contradição prática denunciada por Marx (1894). O pensador argumenta que quem trabalha deve ser possuidor dos meios onde exerce a sua atividade – o mutualismo nasce desta premissa.

O valor do trabalho é continuado e aprimorado com Proudhon (1966) que reconhece o seu papel criador de riqueza e regulador da sociedade. Não se trata apenas de uma dimensão do aparelho produtivo. Na verdade, a atividade humana que transforma produtos manufacturados e colhe as matérias-primas da natureza representa, por si só, um modelo gerador de sobrevivência humana.

O conceito de atividade produtiva passa a estar como algo bem assente nos vocabulários de todos os teóricos sociais que sucederam Proudhon. O trabalho gera riqueza, logo a maneira como se desenrola esta atividade determina o teor e a qualidade da riqueza produzida por uma nação.

A importância desta dimensão social inspira Proudhon (1966), que propõe a ideia de um banco popular gerido por uma cooperativa, que emprestaria dinheiro ao povo sem cobrar juros. Esta ideia é reforçada por Lenin (1977) quando este afirma que os bancos deveriam ser apenas intermediários e mediadores do setor económico.

Estas entidades que atualmente substituem o poder e a soberania política em alguns países europeus deveriam ser, segundo Lenin (1977) e Proudhon (1966), apenas agentes secundários, sem terem lucros exacerbados e imorais.

Nesta questão dos lucros, temos uma análise interessante que agrada a Marx (1844): a ideia de que os lucros do capital industrial, agrícola e bancário deveriam ser considerados do bem comum. O lucro que uma entidade ou particular pudessem ter deveria ser visto como tendo um limite de apropriação individual.

Neste sentido, se um particular acumulasse uma determinada soma de dinheiro que fosse considerada excessiva, deveria dar ao bem comum parte desse lucro. Assim, a economia beneficiaria e os povos teriam a reposta justiça dentro da lógica capitalista.

Aqui poderá residir mais uma fraqueza da teoria de Proudhon (1966) porque, não obstante a sua crítica ao sistema capitalista liberal, propondo novas formas de atuar dentro do sistema, o autor continua a não identificar as causas estruturais que determinam a relação desigual entre quem tem o capital e quem tem apenas a sua força de trabalho.

Proudhon foge a uma visão marxista mais radical, talvez pela sua própria condição de pequeno burguês.

O pensador francês reconhece o direito a pequena burguesia, esquecendo-se do facto de que numa micro-escala também se verifica a exploração do homem pelo homem. A ideia de uma federação e de pequenas comunidades que interagissem entre si sem um estado ou poder forte seria a ideia mais adequada para Proudhon que acreditava no reformismo e não numa revolução violenta (1840).

A crença nas instituições e nos meios pacíficos de mudança social não impediu o autor de tecer uma crítica invejável da sociedade capitalista. O conceito do mutualismo bem como a preservação da liberdade individual poderão ter sido as suas maiores virtudes, bem com as suas fraquezas (1840).

Afirmar que a propriedade é acusada de todos os males abre um precedente, destrói um dogma edificado pelas sociedades burguesas que, fruto da acumulação inicial, preservavam os seus direitos e privilégios. Para os grandes proprietários, as teorias de Proudhon poderão ter sido um presságio da destruição iminente do seu estilo de vida e da sua paz de dominação.

O mundo nunca mais foi o mesmo depois de os materialistas, os anarquistas e Marx terem descodificado a sociedade capitalista industrial burguesa.

O carácter exclusivo que a propriedade privada impunha à sociedade, segundo Proudhon, representava uma anormalidade e um ato contraditório da lei e justiça. A impossibilidade desta condição de posse era imoral e deveria ser desmascarada.

O intuito de aprofundar a análise social das dimensões do trabalho e de todo o processo produtivo poderá ter sido consequência da evidente imoralidade da propriedade privada fixada e tida por economistas, juristas e políticos como um valor sagrado.

Não deixa de ser curioso o facto de os iluministas liberais terem tentado perpetuar a sacralização de realidades e conceitos, contrariando, desta forma, a "Dúvida Metódica" de Descartes com o seu ceticismo.

Onde estaria o espirito cientifico com a sua dialética e o constante contraditório? Proudhon poderá ter tido o dilema da justiça romântica emanada de Rousseau e a praticabilidade de um Smith.

A filosofia transcendental, acentuada na hierarquia do ser supremo, tinha um forte concorrente. A visão empírica e secular do mundo iria dominar parte do espetro real e social até aos dias de hoje. No entanto, não nos esqueçamos do carácter atual da filosofia metafísica do mundo, os debates sobre a validade da ciência, os seus defeitos e as suas reais benéficas consequências para a humanidade.

O surgimento do pós-modernismo representa precisamente este desalento por uma teoria cientifica do mundo. Os liberais passaram de racionalistas revolucionários promissores a mensageiros da desgraça. Poderão ter transformado um sonho numa tragédia grega.

A verdade é que transformaram, e tal facto tem mérito histórico e relevância intelectual.

Proudhon e os socialistas ditos utópicos por Marx enquadram-se nesta busca incessante por melhores condições de vida física e moral para uma humanidade que anseia o fim da angústia existencial. Paradoxalmente o início do paraíso e do bem-estar emocional, espiritual e físico agora na terra e apenas na temporalidade biológica.

Será coerente interpretar da teoria de Proudhon um genuíno ímpeto revolucionário, ímpeto esse que poderá ter sido limado e aprimorado por Marx, ou deturpado e pervertido pelo fundador do socialismo científico?

"A produção está reduzida, porque os proprietários tendem a ficar ociosos, e porque muitos trabalhadores não conseguem alcançar as ferramentas que seriam necessárias" (Proudhon,1966, 29).

Neste ponto, o pensador denuncia a desigual condição de oportunidades que a propriedade privada origina, levando os privilegiados que têm a posse privada a cair no ócio e no descuido, logo na ineficácia económica e social.

Esta consequência da propriedade privada na sociedade liberal poderá ser um dos motivos da crítica da acumulação dos lucros, chegando ao ponto de propor uma apropriação dos mesmos.

2.4. O Materialismo Histórico

Para Lefèbvre (1976), a atividade humana deve ser analisada de modo dialético no sentido de reconhecer o carácter mutante do indivíduo, das condições históricas e de todo um conjunto de fatores externos que constituem a ação em si e, em última análise, o indivíduo. Os seres humanos são fruto desta relação múltipla de condicionalismos, no entanto devemos considerar o facto de que o indivíduo, através da instrução e racionalização do seu pensamento, poderá ter mais autonomia e consciência daquilo que o rodeia, logo menos passividade.

Neste sentido, as dinâmicas entre indivíduos numa sociedade e o meio natural provocam interações entre os mesmos. Estes laços, tidos como inevitáveis, são fruto das condições externas aos cidadãos. Segundo esta perspetiva, o indivíduo está formatado pelo menos numa fase inicial da sua vida ou em certas partes da sua experiência terrena por estas relações que se impõem. Na verdade, o determinismo dos fatores externos torna-se evidente, quando analisamos as relações de produção e a posse da propriedade privada.

"Assim a sua consciência não cria, mas, ao contrário, compromete-se com elas, sendo, portanto, determinada por elas (...)" (Lefebre, 1976).

Nesta citação percebemos que o indivíduo está dependente de uma relação multi-explicativa e causal que constitui a sua atividade enquanto ser biológico e social. Deste modo, segundo o autor, ao participar involuntariamente em ações com outros cidadãos, está a constituir uma ação social e geral, pois sozinho jamais poderá subsistir quer física quer mentalmente.

Nesta perspetiva, o "ser social" do indivíduo é constituído por estas relações que poderemos considerar forçadas ou dialeticamente interpretáveis. Logo, a consciência social de cada um é determinada por fatores externos.

Segundo esta lógica, um operário ou um pescador terão a consciência e a percepção da envolvente social, de acordo com as suas relações sociais e diretas com os que os rodeiam. As condições laborais e técnicas da sua atividade profissional são fundamentais.

Como poderemos desligar um cidadão da sua atividade profissional e cívica dentro da sociedade em que vive?

Poderá ser pertinente tentar descortinar as causas estruturais e materialistas que poderão estar na causa do seu comportamento, nomeadamente como são constituídas as relações de poder e de posse, no que diz respeito ao acesso à riqueza e ao dinheiro, bem como a posse dos meios de produção.

Lefebre argumentava que a consciência e o pensamento racional do indivíduo não podem ser distanciados do meio físico de onde este provém e onde habita. Aqui poderá surgir a questão da autonomia do pensamento humano que tende a distanciar-se das realidades terrenas e a abstrair-se em ideias e concepções alternativas do real. O sonho comanda a vida.

No entanto, para Lefèbvre (1976), a capacidade da consciência em abstrair-se do concreto tem os seus limites, e afirma que existe a relação de causa-efeito entre estímulos e entendimento prático do real.

O próprio surgimento do pensamento dito racional é fruto de um contexto social, com uma complexidade crescente, que poderá ter dado o incentivo certo para que a sociedade dos homens tenha tido este avanço epistemológico e paradigmático no que diz respeito à concepção materialista e empírica de um mundo que está em constante mudança.

Esta argumentação coloca-nos a questão que expõe o carácter evolutivo do ser humano enquanto ser animal.

Darwin sustenta na sua obra "Teoria da Evolução das Espécies" (1859) que os fatores externos levam a uma triagem genética e a um selecionamento dos seres vivos tendo em conta a sobrevivência.

A vontade instintiva de viver leva a alterações de comportamentos e mudanças fisiológicas que, no caso dos homens, podem ser interpretadas mais ao nível das práticas culturais. Se, de facto, a sociedade industrial liberal de Lefebvre constituía um agente explicativo das consciências e das relações sociais no seu todo, poderemos concluir que, sob esta perspetiva, a lei explicativa das sociedades poderá ser a lei mais antiga de todas: a sobrevivência.

No fundo, entendemos que as nossas características de animais sociais, os desenvolvimentos tecnológicos e as acumulações culturais que protagonizamos, enquanto povo da humanidade, são fruto de reações causa-efeito e de lógicas mecânicas entre as necessidades e a satisfação das mesmas.

Será que o indivíduo liberal e industrializado evolui da maneira mais eficiente e acertada, tendo em conta as condições exteriores que, alegadamente, ditam a sua sobrevivência? A resposta a esta questão serve de mote para a produção de conhecimento desde a sua génese.

Comparar o ser humano a animais irracionais parece-nos redutor. Nem Darwim faria este exercício sem pesar as questões morais e racionais que conferem ao ser humano a capacidade de cometer erros. Logo, o desenvolvimento humano não poderia ser considerado cronologicamente linear no sentido da valoração favorável à sua sobrevivência.

Entender a formação de uma sociedade liberal económica no sentido da evolução natural e óbvia do ser humano, enquanto sobrevivente, deveria ter levado a afastar fatalmente a dialética materialista e, paradoxalmente, a confirmá-la enquanto instrumento de análise científica da História.

Se, por um lado, a interpretação dialética materialista da História contempla as relações causa-efeito entre dimensões físicas e sociais, associando esta relação como sendo explicativa do todo social, por outro lado não devemos cair no erro de omitir o carácter do livre arbítrio e das construções de anti-consensos em todos os processos históricos.

O indivíduo europeu poderá ter evoluído para uma sociedade industrial por motivos ideológicos, religiosos, materiais, militares e por todas as dimensões explicativas que poderiam ter sido criadas para entender o que o rodeia. No entanto, interessa-nos delimitar a nossa discussão teórica, sem nunca abdicar de problematizar as vastas e fundamentais temáticas que advêm da nossa incursão intelectual.

Se as alterações das relações de produção são originadas pelo avanço da técnica – como foram na industrialização inglesa, em que as novas maquinarias fabris alteraram a ocupação dos espaços e o teor das práticas culturais inerentes –, poderemos nós argumentar que as deslocalizações atuais, em que grande parte do setor industrial foi transferido para os países ditos do Terceiro Mundo, foram provocadas pelo avanço tecnológico e não pela otimização do lucro e a reorganização das relações laborais, bem como pelas facilidades jurídicas que esses países oferecem aos patrões?

Lefebvre (1976) volta a afirmar que a formação filosófica da consciência é constituída através de um processo de produção em que o indivíduo é formatado de fora para dentro, não tendo aparentemente grande margem de manobra individual.

A organização social do trabalho para Marx (1894) prende-se com a posse da propriedade privada. Neste sentido, quem tem os meios de produção ascende a funções ditas não físicas, e o trabalho intelectual de dirigir os demais fica nas mãos de uma classe de proprietários que não mereceu este privilégio.

Quem possuía, de modo hereditário e cumulativo, as posses privadas, iria exponencialmente usufruir de posição superior em relação aos demais.

Esta condição de privilégio é um pressuposto da sociedade liberal capitalista, edificada nos séculos da Revolução Industrial e que, segundo Marx (1894), constitui o modo de produção com o intuito de identificar uma relação direta entre a posse e o poder de influenciar, em seu benefício, as relações de produção, logo a dominação da natureza e a sua posterior transformação por parte dos homens sociais.

As classes sociais são, nesta perspetiva, constituídas através das relações de benefícios que advêm da posse, logo a organização da propriedade privada poderá ser um dos pontos fundamentais de toda a teoria marxista, pois as classes sociais e toda a lógica dialética de construção ou desconstrução de uma sociedade capitalista assenta nesta questão: quem tem e quem não tem.

Karl Marx (1894), na sua análise, descreve a evolução histórica das relações de produção e dos vários modos de produção implementados ao longo da História.

Numa primeira instância, descreve-nos um estado primitivo em que a posse e a organização do trabalho e da ordem social política advinham das leis dos núcleos familiares e patriarcais. Os pais de família ou os machos-alfa impunham as suas regras e tentavam dominar a natureza. Ao dominar a natureza, implementavam regras de trabalho e delegavam funções que, alegadamente, seriam as mais indicadas para a sobrevivência do grupo.

A posse seria partilhada e a sobrevivência ultrapassava os dilemas morais e científicos de uma análise complexa da sociedade capitalista. Contudo, já neste modo de produção vemos o ímpeto do Homem em construir as suas próprias regras perante um meio social e natural.

Outro modo de produção é o da escravatura em que a técnica de produção implicava mão-de-obra forçada para otimizar um produto que, apesar de ser transformado – como o açúcar – , precisava de altas margens de lucro.

Neste sentido, os senhores possuidores da propriedade privada detinham uma vantagem que as propriedades lhes traziam, as capacidades intelectuais, nomeadamente o acesso à cultura entre as mesmas famílias minoritárias, bem como o uso da força militar.

Todas estas posses físicas e conceptuais estavam nas mãos da minoria da população, que impunha um modo de produção assente em relações sociais que prejudicavam a maior parte do povo. Mais uma vez, esta perpetuação das desigualdades na distribuição da riqueza poderá, sob uma perspetiva marxista, ser atribuída à desigual posse dos meios de produção. Tudo o resto vem por consequência.

Em terceiro lugar, a fase da economia feudal em que uma parte, outra vez minoritária, controla, através da guerra e do poder arbitrário da força, os demais; em que a posse da terra é feita através da força bruta; em que o trabalho é organizado na forma de servidão e os indivíduos destituídos da posse das terras, no caso agrícola, são obrigados a efetuar atividades físicas mal remuneradas ou nem sequer remuneradas em troco da vida e da sua integridade física.

A perpetuação das posses desiguais da riqueza e do poder é efetuada através de mecanismos de afirmação cultural, como a transmissão de normas tidas como absolutas ou dogmas; por outro lado, e no caso das sociedades feudais, o poder era justificado simplesmente pelo poder das espadas.

Por último, a fase capitalista – a mais estudada, porque era contemporânea de Marx –, em que os meios de produção continuaram a estar nas mãos de uma minoria.

Neste sentido, Lefebvre (1976) expõe o conceito de modo de produção, que engloba o processo de produção e todas as relações entre o Homem e a conquista da natureza, bem como a questão da propriedade privada que define os modos de produção e determina a divisão social do trabalho.

A formação económica social é fruto das relações e das constituições das forças produtivas, no sentido em que as interações iniciais de combate com o meio envolvente são a génese de toda a atividade humana, porque dão um carácter natural à própria vida humana em sociedade. No entanto, o modo de produção, com as suas classes sociais, divisão do trabalho e posse dos meios de produção, é a grande determinadora da ordem social e da exploração capitalista que o homem vivia – e vive – num regime liberal económico.

Assim, existe um carácter natural da evolução humana de que as sociedades e os indivíduos podem apropriar-se de diferentes maneiras, e moldar as ações ao constituírem sociedades que se organizam de modo tão antagónico como os países do sul da Europa ou do norte protestante e industrializado.

Contudo, devemos ter sempre em conta a análise materialista da História, que confere primazia a uma análise dos processos, dos seus intervenientes e do quadro jurídico-político que está em vigor. O conjunto das relações intelectuais e de projeção normativa mediática que todas as sociedades podem ter recebe a designação de superestrutura.

As relações que advêm do modo de produção são cristalizadas por um aparelho ideológico, político e mediático que ilustra a ordem vigente e as relações dominantes.

Por outro lado, a superestrutura pode ser usada para legitimar um estado de coisas revolucionário e convergente com os direitos do povo.

O poder desta dimensão das sociedades é vital, mas, em última análise, acessório.

A análise materialista da História é rainha e impõe a sua importância na dimensão ideológica. Poderemos aceitar que a força das ideias e da veiculação de dogmas e práticas culturais dominantes é importantíssima. Até poderemos admitir que a força do indivíduo pode sobressair no sentido de contestar ou aceitar o statu quo, mas nunca aceitar, sob esta perspetiva materialista, que, de facto, as relações e os modos de produção não são fundamentais e decisivos.

Lefebvre relembra que a formação de um processo de economia social decorre da junção entre as forças produtivas, modos de produção e superestrutura, sempre em constante contradição e conflito.

"Por exemplo, o direito moderno elabora as relações de propriedade capitalista e tenta deduzi-las a partir de princípios abstratos, morais, ilusoriamente superiores e universais, confundindo poupança com capital, propriedade privada com propriedade dos meios de produção" (Lefebvre, 1976, 44).

A interpretação materialista da História e do método dialético implicam um início, um meio e um fim para todos os processos e conceitos. Os modos de produção obedecem à mesma lógica e demonstram uma dimensão orgânica, visto que estão em constante mudança.

Lefebvre problematiza o facto de que as forças produtivas se alteram e dão origem às mais variadas relações de produção, que, por sua vez, influenciam o início e o fim de um modo de produção. Neste sentido, podemos afirmar que esta dinâmica dialética de fases de desenvolvimento das ideias e dos modos de produção é natural e vista como algo inevitável.

Contudo, o modo de produção pode ser mantido de forma contrária às relações de produção e à própria lógica de mudança histórica, na situação em que as forças reacionárias usem os aparelhos ideológicos para manter e contrariar a evolução "normal" dos modos de produção. A manutenção de um estado capitalista neoliberal como o atual poderá ser considerada, como um mantimento artificial e forçado de um modo de produção capitalista.

Creio que Lefebvre bem como Marx teriam esta convicção de que – com mais ferramentas intelectuais certas e um corpo de conceitos criado para garantir a cientificidade da análise –, o ser humano, enquanto membro da coletividade social, e o mundo das nações pudessem avançar num sentido em que as classes fossem suprimidas e a questão da propriedade privada fosse clarificada.

Quando define o modo de produção e a análise materialista da História, Marx (1844) responde às correntes filosóficas do seu tempo, mas dá um salto genuíno na produção de conhecimento, pois tenta edificar uma ciência. De modo causal elabora uma rede de conceitos. Através da dialética expõe o carácter finito de todos os sistemas de produção e das reações sociais, estuda a História, reconhece o tom natural do desenvolvimento humano, mas argumenta que os indivíduos podem mudar o mundo em consonância com a transfiguração dos processos de produção e dos desenvolvimentos técnicos.

2.5. Marx e a transformação do mundo

A Revolução Industrial na Inglaterra apresentava-se para Marx (1894) como um barril de pólvora. A técnica produtiva e a sua exponencial evolução constituía um indicador de que os modos de produção iriam mudar. Logo, as relações sociais e a composição das classes, chegando a um ponto de supressão das mesmas.

Esta esperança foi o combustível para implementar a dialética conceptual de Hegel, que especulava sobre os dilemas da autoconsciência humana e se questionava sobre o existencialismo do indivíduo, o seu lugar no mundo, a inteligibilidade e o seu enquadramento no universo.

Marx, ao tentar construir os conceitos do materialismo histórico, tenta recriar esta dialética no sentido metodológico e conceptual, mas afirma que as questões materiais de entendimento da História se prendem com as vidas coletivas dos povos e da relação inerente das transformações dos homens com o seu meio envolvente e as classes sociais que daí decorrem.

A identificação das causas materiais do desenvolvimento humano, a construção dos conceitos explicativos para desmascarar e dar ao povo maioritário a possibilidade de mudar a exploração de que foram alvo desde o início da humanidade deveriam ser – e foram – o seu grande objetivo.

A escolha em delinear uma análise da História e intensificar o processo materialista de análise social decorre da sua época, no entanto não devemos esquecer a definição de superestrutura que, segundo Lefebvre, Marx elabora.

Esta definição dá lugar a um aparelho de produção ideológico. Na época de Marx, esta estrutura deveria ser de carácter institucional. As mensagens normativas e simbólicas que sustentariam o modo de produção da época traduziam-se numa tímida imprensa livre e nos meios de difusão normativos, controlados por um Estado capitalista liberal.

O facto de a superestrutura estar decorrente da interpretação materialista e ser um apêndice complementar do todo da teoria leva-nos a perceber que a teoria marxista prova ter uma essência de atualidade infelizmente assustadora, em que a superestrutura adquire uma importância crucial.

As teorias de Castells, antes abordadas, sobre a sociedade em rede, são prova disso. O mundo globalizado vive aparentemente desta rede de significâncias e de grande parte da realidade económica especulativa, sendo que esta nova ordem mundial está assente em expetativas abstratas.

Nesta perspetiva, poderemos reconhecer que, de facto, o papel da superestrutura ganha relevo e importância. Prova disso é a guerra entre a *Wikileaks* e os estados ocidentais – caso que pôs em causa a produção das significâncias e dos valores universais –, estados que tentam recuperar o monopólio das significâncias e dos fluxos da informação planetária.

Contudo, a análise materialista da História elaborada por Marx poderá continuar a ser válida, no sentido em que, apesar de reconhecermos o carácter forte dos *media* e das produções de significâncias mundiais, continuamos a identificar o modo de produção e as forças produtivas de uma sociedade global como sendo o fator explicativo básico do entendimento humano e científico do todo real.

Se decantarmos a atualidade, veremos que a produção dos bens materiais de modo massivo representa – como representava na época de Marx – as contradições existentes de uma realidade promotora de injustiças para a maior parte dos trabalhadores. Esta injustiça afligiu os iluministas e afligiu Marx, que tentou fornecer ferramentas ao povo, ao proletariado.

Podemos entender a visão de Lefebvre (1976), que viveu no século XX e absorveu da atmosfera moderna e pós-moderna ou estruturalista e pós-estruturalista mais uma forma de percepcionar a análise materialista da História.

A análise da teoria marxista permite-nos, neste ponto, tirar algumas conclusões.

Se as relações de produção executadas pelas forças produtivas são a base da construção de um modo de produção, neste sentido devemos remontar aos escritos de Marx, pois o "Manifesto do Partido Comunista" faz-nos perceber que a História do Homem se pauta pela forma como este se relaciona ao transformar a natureza.

Nesta linha interpretativa, podemos aferir que, de facto, numa fase inicial, os indivíduos tentam transformar a natureza e, ao fazê-lo, criam laços sociais com condições e privilégios para alguns membros dos cidadãos.

Se, na fase inicial, o desafio era sobreviver, numa segunda fase, ao criar os meios de produção, a humanidade cria as especificidades que constituem a teia das classes sociais e das relações hierarquizadas entre os indivíduos.

Podemos entender que o materialismo histórico começa por dar um valor crucial ao entendimento da economia das trocas e do trabalho entre os homens, nomeadamente as relações que uns têm com os outros e os resultados dessas mesmas relações.

No entanto, estas dinâmicas sociais são moldadas por quem tem a posse dos meios de produção e quem tem apenas o seu corpo. Desta forma, para Marx, a estrutura de uma sociedade constitui-se por estas dinâmicas e conceitos, por ele criados e aperfeiçoados, que remetem para uma análise científica da História.

As relações de produção e os modos de produção constituem a estrutura marxista, na multiplicidade de conceitos em que esta se desdobra.

A forma como se organiza a produção dos bens materiais é determinada por um facto que se afigura fundamental: a posse dos meios de produção.

Quem determina esta variável impõe a dinâmica moral e pragmática das práticas culturais e valorizações normativas que, em última instância, se transformam em leis. Aqui entramos na superestrutura que consiste na cristalização do modo de produção em instituições de soberania e de produção normativa, nomeadamente mediática, política e jurídica, que dão corpo a uma consolidação das práticas reais da atividade humana dentro de cada sociedade.

Lefebvre (1976) tenta expor estes conceitos, mas, sendo um filósofo, não resiste a referir que tenta entender o materialismo histórico e a teoria do materialismo dialético. Desta forma, Lefebvre admite o carácter determinista da teoria marxista, mas dá o benefício da dúvida a uma explicação filosófica e especulativa do marxismo.

O autor francês, que viveu e participou no Maio de 68, argumenta que, de facto, as relações de produção e os modos de produção que dão origem à estrutura da sociedade marxista são os fatores explicativos, por excelência, da sociedade capitalista e de toda a evolução humana. No entanto, torna-se fundamental o carácter crucial da máquina ideológica e das significâncias decorrentes da matéria física da vida social.

A este propósito, apresenta alguns exemplos em que a dita superestrutura expõe e, por vezes, demonstra uma relativa e surpreendente autonomia perante a estrutura da análise materialista da História.

Se, por exemplo, a técnica produtiva e a matéria-prima das indústrias se alterassem de modo estrutural, então as relações de produção iriam sofrer alterações. Consequentemente, também o modo de produção e todas as relações de classes e antagonismos de classes sofreriam alterações.

Contudo, Lefebvre – e nós podemos admitir esta ressalva como Marx, – admitia esta hipótese de alguns elementos contemporâneos destas alterações dos modos de produção se oporem à mesma por terem interesses nesse sentido.

Esta oposição demonstra-se através da produção de imagens e discursos normativos, veiculados, por vezes, pela sociedade através das instituições formais de soberania bem como pelos *media*, no sentido de retardar a evolução natural das relações de produção, logo da continuidade da luta de classes e da inevitável convergência com um estado de transição.

Aqui surge o conceito de luta de classes que abordaremos mais detalhadamente, quando falarmos da interpretação do marxismo por parte da cientista social chilena Marta Harnecker (1976).

No entanto, devemos começar por tentar definir o que representa este conceito tão fundamental que é o de luta de classes para a teoria marxista.

Para Althusser, entender este conceito é ir ao cerne da teoria de Marx, recusando a análise que encara esta dinâmica social como um resultado *a posteriori* do sistema capitalista e não como o seu fundamento constitutivo bem como a sua dimensão explicativa primordial.

Para Marx, a questão da propriedade privada torna-se frucal desde o início da sua abordagem materialista da História. Ao descrever a evolução dos modos de produção, conclui que as desiguais e injustas relações sociais resultavam em todas as épocas da posse ou não dos meios de produção. Este privilégio daria a indivíduos minoritários a possibilidade de impor vontades contrárias às da maioria, logo resultava em normas e práticas culturais injustas.

A propriedade privada é a génese da luta de classes, pois, ao identificarmos fisicamente a desigual posse dos meios de produção, vemos o evidente interesse antagónico de duas classes de pessoas: por um lado, os que têm a posse e tendem a salvaguardar esse privilégio através das mais variadas mistificações, construções consensuais e semióticas através da superestrutura; por outro, "os outros" que estarão, numa primeira fase, distraídos e alienados, e seguirão sem protestar, procurando apenas sobreviver.

Por isso mesmo, Marx tentou tornar inteligíveis e acessíveis os conceitos do materialismo histórico e todas as suas considerações sobre o mundo socioeconómico, pois desejava que todos pudessem apropriar-se desta visão científica da História e transformá-la mediante as especificidades do seu mundo e microcosmos social.

A luta de classes manifesta-se através destas relações de posse, mas poderá ter uma interpretação *a posteriori*, uma interpretação com um carácter pós-estruturalista, no sentido de reconhecer a análise materialista da História, mas recusando, de forma parcial, a total primordialidade da explicação através da estrutura económica da sociedade e de toda a dinâmica político-económica.

Nunca será, todavia, de mais aqui recordar um dos textos mais sistemáticos do conceito teórico fundamental de Marx que é o materialismo histórico tal como ele mesmo o redigiu em 1859 e na "Introdução à Crítica da Economia Política" e que diz assim:

"...O resultado geral a que cheguei e que uma vez encontrado me serviu de fio condutor dos meus estudos pode formular-se brevemente da seguinte maneira: na produção social da sua vida, os homens contraem certas relações independentes da sua vontade, necessárias, determinadas, que correspondem a um certo grau de desenvolvimento das forças produtivas materiais. A totalidade dessas relações forma a estrutura económica da sociedade, a base real sobre a qual se erige uma superestrutura jurídica e política e à qual correspondem formas sociais e determinadas de consciência..." (Pobres e Ricos, Mário Moutinho, pág. 12).

2.6. A observação do mundo

Poderemos, obviamente, afirmar que as revoluções da Primavera Árabe nos dão exemplo de sociedades em que o modo de produção se assemelhava a um tipo semi-feudal. Logo, a iminência da revolução não estaria tão próxima.

Mas será caso para não esquecermos que uma rígida análise materialista da História, assente na exclusiva estrutura económico-política de uma sociedade, não será suficiente para explicar a História de modo científico.

Marx admitia esta possibilidade, quando escreveu sobre a superestrutura e deu um lugar de complementaridade importante à criação de metaconsensos, tornados fluidos por uma sociedade lida através da dialética. Logo, mutável e inconstante.

Voltando às Primaveras Árabes, podemos constatar que, numa primeira fase, os jovens criaram, alegadamente, a revolta através dos *media*, usados pelo regime dominador para implementar uma ideologia que poderia estar a reter o avanço "natural" das mudanças dos modos de produção, logo de toda a conjuntura de poder e soberania política do país.

É irónico como os poderes antagónicos, gerados pela luta de classes e por relações sociais injustas para a maioria da população, criaram uma revolta que usou as máquinas de dominação ideológica mundiais.

Lefebvre argumentava que a evolução dos modos de produção se reveste de conflitos constantes entre os mais variados protagonistas. Neste sentido, na dinâmica social antagónica e variável, onde todos estão em constante conflito, a resolução é resultado de uma equação social que não poderá ser nunca determinada de modo total na sua análise, por mais científica que esta seja.

Marx teria esta consciência e, por isso, colocou estas dúvidas nos seus escritos de jovem, quando era ainda um hegeliano crítico, mas deslumbrado com as dialéticas filosóficas e as questões da essência humana.

Althusser, no seu prefácio à obra *Conceitos elementares do Materialismo Histórico* de Marta Harnecker (1976), insiste em que a teoria marxista deve ser interpretada através da luta de classes.

Quem quis aprofundar e divulgar o estudo do materialismo histórico foi, precisamente, Marta Harnecker, discípula de Althusser, que soube problematizar a teoria dialética de entendimento das forças transformadoras mundiais.

A autora afirmou em entrevistas que nunca viu o marxismo como um dogma e que teve sempre a concepção dialética e dinâmica de uma teoria que deve, como o próprio Marx afirmava, adaptar-se às especificidade de cada contexto.

Na obra *Conceitos elementares do Materialismo Histórico* (Harnecker, 1976), podemos verificar uma genuína intenção da autora em expor o marxismo na sua dimensão mais coerente.

A autora chilena interroga-se sobre a famosa 11ª proposição de Marx das "*Teses contra Feuerbach*", em que ele afirma que até então os filósofos se tinham limitado a interpretar o mundo de diversas maneiras, mas que, na verdade, lhes cabia, acima de tudo, transformá-lo.

No entanto, Harnecker tem dúvidas se, de facto, a ação representava e representa, ainda uma atividade imediata sem reflexão e sem ponderação científica. Para ela, Marx desejava impor a ênfase na ação, mas sem nunca prescindir do carácter científico da análise das causas motivadoras do funcionamento da história e da sociedade. Até porque a grande ruptura criada pelo marxismo foi de carácter epistemológico, pois rompeu com as filosofias e teorias históricas da época, que se limitavam a especular sem uma intenção concreta de alterar o real nem de propor soluções urgentes para as populações da época que sofriam a exploração capitalista.

Poderemos afirmar que a teoria marxista, como Harnecker pensa, não pode ser vista como um dogma, pois é uma construção científica. Logo, pressupõe certos mecanismos de validação e de autocrítica inerentes a qualquer construção conceptual de teor científico.

Mas que representou esta ruptura epistemológica para a época de Marx ?

Que acontecimentos históricos e avanços na forma de os povos se organizarem despoletou esta ânsia intelectual de criar um esquema explicativo, que desse ao povo a oportunidade de tomar, nas suas mãos, a sua real e objetiva condição material quotidiana?

"Não é o fim de toda e qualquer teoria que se anuncia na XI Tese contra Feuerbach, mas sim a ruptura com as precedentes teorias filosóficas sobre o homem, a sociedade, a sua história que incapazes de transformar a realidade, porque ignorantes do mecanismo que rege o funcionamento das sociedades, se limitavam a contemplar e interpretar o mundo" (Marta Harnecker,1976, 76).

Neste sentido, a pensadora chilena defende que, nesta obra de Marx, é dada uma ruptura epistemológica que cria uma nova ciência da História, que tenta tornar inteligíveis os processos sociais, de forma a poder originar um esquema interpretativo e cientifico da realidade cronológica e de todos os processos que dizem respeito à humanidade.

Até então todos os filósofos se questionavam sobre as relações entre o espírito, o transcendente e o homem, os instintos animais *versus* a concepção de bem e de mal. Todas estas preocupações metafísicas eram um legado da Idade Média e de uma nova burguesia que caiu no romantismo rousseuniano.

Também existiam os socialistas utópicos que, como já referimos anteriormente, tinham boas intenções e misturavam filosofia especulativa com as representações das condições do povo, que careciam de um estudo científico observável e metódico.

Assim, Harnecker (1976) defende que a teoria marxista jamais poderá ser um dogma, porque é constituída por um conjunto de conceitos que devem ser usados em diferentes contextos para decifrar a realidade de cada época.

Dentro da teoria podemos destacar o *"processo de produção, as forças produtivas, as relações técnicas de produção, as relações sociais de produção, as relações de produção, a infra-estrutura, a superestrutura, a estrutura ideológica, a estrutura jurídico-política, o modo de produção, a formação social, a conjuntura política, a determinação em última instância pela economia, a autonomia relativa dos outros níveis, as classes sociais e a luta de classes relacionadas com as relações de produção, a transição, a revolução, etc..."* (Harnecker,1976, 88).

Para Marx as mentes e as correntes ideológicas ou metafísicas partilhadas pelos povos, por mais importantes que sejam, não são a explicação do andamento da História. Para entendermos, de forma científica, as causas das transformações históricas, devemos interpretar o modo utilizado no fabrico e na troca dos bens materiais. Tudo o resto é espuma.

Existem varias interpretações possíveis da teoria marxista, o que reforça o seu carácter anti-dogmático, universal e intemporal. Na nossa opinião, poderíamos não diferenciar a economia do social, nem a ideologia da economia, porém seria confuso e talvez seja por isso que nem Marx nem os seus mais ilustres interpretadores o tenham feito.

Desta premissa, defendida por Harnecker (1976), podemos afirmar que as classes sociais são resultado desta ordem de produção e não o contrário.

No que diz respeito ao processo de trabalho, devemos ter em conta que há uma fase em que o indivíduo transforma um objeto material natural ou já semi-transformado e o transfigura num produto passível de consumo ou troca. Neste sentido, devemos ter em conta a fase da transformação, que implica uma determinada técnica e representa o cerne deste processo. A questão técnica é fundamental e poderá ser ilustrativa dos tempos que correm. Por exemplo, ao entendermos este conceito de processo de produção e a importância da técnica, podemos lembrar a revolução industrial inglesa, que modificou, de modo drástico, a maneira como se produziam os bens materiais.

Neste sentido, poderemos afirmar que Marx via na Inglaterra um começo de uma análise fecunda para os seus estudos, pois esta exemplificava a sua teoria, nomeadamente o processo de produção de forma explícita. O fator técnico representou um estímulo fundamental para Marx e para nós, intérpretes da teoria, para que tentemos entender e reformular o próprio marxismo.

Contudo, é importante reter o facto de as transformações técnicas serem, na época de Marx, importantíssimas para a validação de toda a sua teoria, e atualmente continuarem a ser elementos cruciais de análise.

Vejamos a Primavera Árabe e o surgimento da sociedade em rede de Castells, que nos indicam que o carácter universal e intemporal da teoria marxista permanece inalterado e fortificado.

A revolução tecnológica da Internet e da fibra ótica representam, como representou para Marx a Revolução Industrial, um estímulo para interpretar o mundo, de modo científico. De resto, sobre todos estes e demais aspetos da teoria Marxista, e até pela sua configuração de manual quase excessivamente sistemático-didático, remetemos de novo para o citado livro de Marta Harnecker, Conceitos Elementares do Materialismo Histórico (1975).

2.7. Os poderes antagónicos

Se a função social de um trabalhador é crucial para a determinação do agente de produção, então a teoria liberal burguesa de Smith (2009) cai por terra ou pelo menos apresenta uma interpretação mais simplista, quando feita pelos neoliberais da nossa contemporaneidade, que voltam a insistir na sociedade da liberdade económica, da desregulamentação do Estado sobre a economia. Chegam inclusivamente a afirmar que os agentes de produção não dependem da sua condição de posse sobre os meios de produção, pondo apenas em destaque a oportunidade que qualquer indivíduo, através do trabalho assalariado, tem de ser bem sucedido e poder atingir um nível alto de prosperidade mediante o seu mérito.

O que nos poderá parecer uma história de embalar, tendo em conta a teoria marxista, continua a alimentar muitas mentes pelo mundo globalizado, argumentando que a posse dos meios de produção é secundária e que o verdadeiro produtor da riqueza é o trabalho. Contudo, devíamos colocar algumas questões a estes advogados liberais, nomeadamente a dúvida do significado do trabalho e de todo o processo produtivo, continuando a descrever todo o processo de trabalho e de produção, de forma a desmantelarmos, um a um, os dogmas do neo-liberalismo capitalista.

É com este intuito que prosseguimos tentando descrever, com alguma minúcia, alguns dos pontos mais importantes da teoria marxista.

Também nós estamos a reagir como Marx reagiu, a uma realidade de injustiça manifesta, como nos indicam os dados da ONU. Também nós sentimos esta urgência de clarificar conceitos. A teoria marxista conduz-nos à seguinte encruzilhada: saber mais ou continuar no obscurantismo?

Ousamos saber mais, por isso continuamos a nossa análise e, para tal, devemos refletir sobre o conceito de propriedade privada, pois já constatámos que é fundamental entender esta causalidade entre a posse e o poder político, jurídico, económico e social que daí advém.

Se considerarmos o fator da propriedade privada dos meios de produção como fundamental para a construção da teoria marxista, devemos ter em conta que é ela a responsável pelo desequilíbrio entre as relações dos homens no processo de trabalho ou na simples sobrevivência. Se, de facto, os indivíduos não são guiados pelo altruísmo na sua prática quotidiana dentro de uma sociedade, então devemos procurar uma explicação científica sobre as sociedades.

O materialismo histórico é a prova desse entendimento científico, por isso devemos refletir no que constitui a propriedade nas suas dimensões marxistas; que tipo de análise o materialismo histórico reserva para este conceito primordial ou que poderá ter tido na global teoria do marxismo.

Assim, devemos distinguir, o que constitui o direito de propriedade que se afigura como o direito de usar a dita propriedade de acordo com as suas propriedades naturais, como, por exemplo, um campo cultivado ou um barco à vela. Nesta dimensão, a propriedade permite o direito de uso de acordo com as propriedades ditas naturais de um objeto.

É difícil determinar o que é um uso natural de uma propriedade; por isso, Marx descreve esta dimensão no sentido mais prático da sua realidade ou do contexto intelectual e prático das suas vivências.

Poderemos também interpretar que esta conceptualização foi um esforço do autor para se identificar com o povo, dando a conhecer as suas ideias numa linguagem acessível às massas do proletariado, que foi sempre o seu público-alvo.

Surge o direito de fruir dessa propriedade, que pode ser exemplificado com a colheita de frutos: opta-se pelo seu consumo, para sobrevivência; ou a sua venda, para acumular capital; e, por fim, o direito a dispor da posse, que implica poder decidir o que fazer com a propriedade em causa e delegar para terceiros esses poderes.

Esta definição do direito da propriedade é aplicável ao modelo capitalista bem como aos regimes feudais e esclavagistas, mas como poderemos aplicar esta unidade conceptual aos meios de produção privatizados no regime capitalista é a questão que urge colocar.

Sobre esta temática, devemos distinguir o direito de propriedade sobre os meios de produção que, juntamente com o poder de usufruir, usar e de dispor, constitui uma forma de posse real e total, pois quem controla o processo de trabalho também controla o direito jurídico sobre a propriedade. Desta maneira, podemos ter neste quadro um poder absoluto sobre o processo de trabalho bem como os direitos de propriedade por parte dos agentes de produção.

A questão que se coloca é saber quem são estes agentes e como dividem a posse real e efetiva dos meios de produção.

Num cenário capitalista, os patrões minoritários detêm um controlo total sobre os direitos da propriedade e sobre o modo como se produzem os objetos na fábrica, porque conseguiram isolar o agente de produção maioritário, o povo, e relegá-lo, com a crescente mecanização da fábrica, para uma posição secundária dentro de todo o processo de produção.

Neste sentido, a posse real dos meios de produção isola os operários, mas, paradoxalmente, dá-lhes um poder explosivo, o poder de, através da teoria marxista e do materialismo histórico, interpretar as reais e materiais condições de exploração a que estão sujeitos desde sempre, e nesta época capitalista mais do que nunca.

Hoje não é difícil entender o facto de a posse dos meios de produção ser fundamental para a ordem e controlo do processo de trabalho e de toda a distribuição de riqueza. Nos tempos de Marx, afirmar tal coisa poderia custar a vida; atualmente apenas nos custará o fácil acesso a certos setores de opinião dita contemporânea.

Não deixa de ser curioso observar as passagens de Marx em *O Capital* (1894), quando fala da origem da propriedade privada, e especula como surgiram estas acumulações, ao dissecar a História, e mostrando-nos quão obscuro é e foi o processo das posses jurídicas edificadas, quando surgem revoluções ou negociatas.

As mudanças de poder podem dar, como no caso da Russia pós-Perestroika, alterações rápidas de posse dos meios de produção a determinados indivíduos que, por terem conhecimentos ou estarem no lugar certo à hora certa, conseguem tornar-se grandes industriais e latifundiários, sem nenhuma correlação com o trabalho físico, material e intelectual direto sobre esses meios.

Os magnatas russos que saquearam o seu país em nome da liberdade capitalista têm agora o poder real e efetivo sobre os grandes meios de produção.

As reservas de matérias-primas são exemplificativas disso. Os proprietários detêm o poder de usufruir, usar e dispor desses meios de produção. O proletariado fica isolado e distanciado na determinação das formas de produzir que os próprios protagonizam.

É esta exploração que Marx denuncia e que nós, cientistas políticos e sociais, observamos com a ajuda do materialismo histórico, que poderá ser um instrumento de libertação para todos os trabalhadores diretos ou indiretos de todo o processo de trabalho da sociedade contemporânea.

Partindo do pressuposto de que as relações sociais de produção consistem na dinâmica interativa que se estabelece entre os proprietários dos meios de produção e os produtores diretos, tendo em conta a relação de propriedade que os agentes têm no processo de produção, Marx volta a reforçar a relação de causa-efeito entre ter a posse dos meios de produção e não ter a distribuição de privilégios sociais, e na criação das classes sociais.

Partindo também do princípio de que as formas de propriedade entre os agentes indiretos e diretos definem as relações sociais de produção, podemos reconhecer que existem diferentes tipos de relações sociais de produção, nomeadamente aquelas que pressupõem a escravidão e um regime capitalista.

No caso da escravidão, podemos identificar uma relação entre explorador e explorado, no sentido em que o patrão detém a posse das terras, dos meios de trabalho e dos agentes indiretos da sua produção, ficando com uma posição de vantagem total e absoluta sobre todo o processo de trabalho. Por outro lado, Marx define ainda outro tipo de variável que consiste na escravidão.

Esta divisão conceptual difere da escravatura, pois implica que o patrão tenha posse somente dos meios de produção e obrigue, indiretamente, as forças de trabalho a exercer a atividade produtiva, por não ter simplesmente outra escolha. Este modelo era usado na Europa feudal que, até ao século XVIII, em França, impunha um regime absolutista total e medieval, em que os camponeses tinham de trabalhar gratuitamente para o nobre, porque não eram donos dos meios de produção, as terras.

Não deixa de ser curioso que Marx faça esta distinção entre relações de escravatura e escravidão. Ao fazê-lo está a dar, mais uma vez, um carácter científico à sua teoria, pois reconhece a dinâmica da História e apoia a dialética enquanto filosofia- base da sua teoria.

Podemos denotar um esforço constante de Marx para impor o materialismo das ciências ditas puras na sua teoria científica da História. Ao introduzir a relação capitalista na sua definição de relações de produção, poderemos ver algumas semelhanças entre a definição anterior de relações de escravidão.

As relações capitalistas consistem na posse dos meios de produção por parte dos patrões, o que leva o povo maioritário a vender a sua força de trabalho em troca de dinheiro para sobreviver; neste caso, os patrões, como nas relações de escravatura, detêm o poder absoluto ao possuir, de formas ligeiramente diversas, os meios de produção.

O senhor feudal tirava poder da sua posse das terras, logo dos meios de produção; o capitalista tira poder da sua posse das estruturas e meios produtivos modernos, como as fábricas, capitais especulativos e toda a tecnologia necessária para a produção de mercadorias.

As semelhanças entre uma ordem feudal, regida por dogmas transcendentes e do poder arbitrário da espada, e um regime capitalista podem ser estabelecidas através da constatação das tragicamente parecidas relações sociais de produção que se estabelecem nestes dois regimes ou épocas históricas.

Cremos ser pertinente refletir como as sociedades europeias evoluíram na ética, na cultura, na política e na tecnologia ao longo dos séculos, e tentar observar se, de facto, as diferentes fases de emancipação do indivíduo são ou foram realmente efetivadas com resultados práticos para a humanidade. A teoria marxista denuncia precisamente o facto de que os historiadores até então tinham feito divisões das épocas históricas a partir do fundamento puramente especulativo e parcial dos seus contextos.

Desta forma Marx aponta o marasmo a que uma certa História nos conduz e reforça a importância de uma análise científica, logo materialista da História.

Se, na verdade, as relações sociais de produção não mudaram de forma substancial desde os tempos feudais, o que realmente mudou na nossa sociedade é o facto de esta agora ser global.

A posse e o tipo de posse dos meios de produção parecem-nos a base de toda a teoria marxista. Todos os conceitos que formam a estrutura ou infra-estrutura marxista estão dependentes deste conceito-chave.

Contudo, o ser humano sabe e pode desenvolver a sua ânsia de sobreviver de diferentes modos. Dentro desta esfera capitalista, que origina relações de explorador e de explorado, podemos ver que, através da teoria marxista, existe uma denúncia da imoralidade e malfeitoria, da injustiça histórica destes regimes que exploram o homem pelo homem.

Noutra forma de organizar a produção, os interesses antagónicos de que fala Marx não deveriam existir ou amenizar-se, pois, se na génese da luta de classes estão os interesses antagónicos que decorrem do uso da propriedade, então a luta do homem contra o homem deveria cessar no regime da sociedade ideal.

Podemos assim entender a intenção de Marx, quando impôs como conceito fundamental da sua tese o processo de produção dos bens materiais e de toda a estrutura económica de uma sociedade. Desta maneira, tentou analisar – como se de uma fórmula científica se tratasse

– as tensões e lutas de classes, que provinham deste uso imoral dos meios de produção.

Nesta linha podemos verificar que, no mundo, as grandes guerras e conflitos giram em torno dos recursos naturais; as matérias-primas são a grande riqueza num mundo que ainda tem fome de matéria para transformar.

A posse e o tipo de propriedade bem como o uso e o usufruto destes recursos poderão ser a causa dos conflitos.

Vejamos o caso da guerra do Iraque, em que a potência mundial dos EUA toma, sob falsos pretextos, a iniciativa de invadir um estado soberano com a intenção de pacificar e proteger o povo nativo.

No entanto, o que a comunidade internacional entendeu foi que o interesse real desta superpotência consistia em assegurar os meios de produção deste país árabe: os poços de petróleo. Neste caso, os poços de petróleo constituem os meios de produção, pois são a atividade mais rentável que a nação tem ao seu dispor.

Observamos que a invasão militar e todos os conflitos que implicam violações dos direitos do homem e da sua dignidade são impulsionados pela ganância e vontade objetiva de possuir os meios de produção.

"(...) relações de escravidão, em que o senhor é proprietário da terra e tem o servo na sua dependência (este deve trabalhar gratuitamente para ele um certo número de dias por ano); e, por último, relações capitalistas, em que o capitalista é o proprietário dos meios de produção e o operário é obrigado a vender a sua força de trabalho para sobreviver" (Harnecker, 1976, 88)

Estas relações de colaboração recíproca implicam diferentes formas de organizar a produção dos bens materiais bem como outra relação e autonomia dos agentes diretos do processo de trabalho, que têm um controlo efetivo sobre todo o processo.

Marx, quando observa a evolução das pequenas manufacturas para as grandes indústrias de produção de massa, realça um ponto que poderá ser de alguma relevância: a irreversibilidade da perda de autonomia do trabalhador individual em relação aos meios de produção, logo a real impossibilidade de abandonar o modo de produção em causa e adotar outro da sua conveniência, mais benéfico para ele.

Neste sentido, Marx (1978) afirma que, na pequena manufactura, o operário obedece a uma divisão social e técnica do trabalho, que é imposta mais pela vertente social do que pela técnica, reforçando, mais uma vez, o carácter determinista e não puramente mecânico da posse dos meios de produção em todo o processo produtivo.

No entanto, nesta pequena escala, o indivíduo tem noção das divisões da manufactura e, em caso de pouco avanço tecnológico, é possível retornar a um esquema de produção dito primitivo, através da simples reativação do esquema anterior.

Desta maneira, a autonomia do trabalhador em relação ao patrão, ao agente coletivo de trabalho, é real. Este facto possibilitaria criar uma poderosa arma que o operário tem ao seu dispor para reivindicar os seus direitos e, se for o caso, romper com o modo de produção em causa e impor outras relações de produção.

Contudo, se avançarmos para uma indústria mais complexa, como é o caso da grande manufactura capitalista, vemos que o operário, fruto do avanço da divisão técnica e social do trabalho e da ânsia do patrão em aumentar os lucros, perde a sua autonomia e o seu poder.

A crescente complexidade destas indústrias explica-nos que o único fator que determina a vontade do patrão é o lucro exponencial. Logo, Marx considera que é com este intuito que os detentores dos meios de produção procedem, como procederam na Revolução Industrial a uma mecanização da produção, com o objetivo de aumentar os lucros e baixar os custos de produção.

Baixando os custos produtivos, através da mecanização da produção, os patrões eliminam em muitos casos a importância crucial que um funcionário especializado teria no processo. Os operários ficam relegados para a condição de apêndices das máquinas e perdem a sua autonomia, logo a posse parcial do processo de produção.

Desta maneira, as relações sociais de produção alteram-se e o patrão toma a posse real e efetiva de todo o processo de produção e, consequentemente, de toda a estrutura económica da sociedade, porque é ele que determina como e quando se deve produzir, exercendo o monopólio da técnica produtiva.

Quando a produção se torna complexa a um nível elevado, o indivíduo torna-se dependente de uma dinâmica de grupo, ou seja, das relações sociais de produção que se estabelecem e se fundamentam nos tipos de posse dos meios de produção.

Assim, podemos argumentar que as relações técnicas e sociais de produção são modificadas por toda uma dinâmica entre dois tipos de cidadãos: os que têm os meios de produção, e os que apenas possuem a força de trabalho.

Quando Marx põe em evidência esta dinâmica, afirma o potencial das forças produtivas e da atividade mediante as relações sociais de produção, logo da posse real e efetiva dos meios de produção.

Por isso mesmo, Marx defende o fim das relações de produção capitalistas e afirma que não pode existir uma boa convivência entre patrão e assalariado, porque existem interesses antagónicos inseparáveis que originam a luta de classes e jamais poderão dar lugar a uma convivência pacífica.

Apesar das relações de produção não se alterarem no sistema capitalista, existe uma contradição evidente e, segundo Marx, abre-se um caminho para a extinção da ordem de produção capitalista.

Ao descrevermos o processo de trabalho, as relações de produção, as formas de propriedade privada, e todo o processo de produção dos bens materiais de uma sociedade, estivemos a definir a estrutura económica de um contrato social.

Marx, quando tenta definir tão detalhadamente estes processos de produção e as relações que daí advêm, reforça o facto de que podemos explicar uma ordem social através da análise da produção dos bens materiais e da forma como se trocam esses mesmos bens. Todo o materialismo histórico parte deste pressuposto em que os bens materiais e a forma como se produzem são o fio condutor de toda a ordem social.

Por exemplo, Marx interroga-se sobre o facto de os capitalistas terem uma distribuição da riqueza produzida muito maior do que as massas de trabalhadores que, de facto, suam e trabalham diretamente no processo de produção dos bens materiais. Neste sentido surge a denúncia à injusta distribuição da riqueza nas sociedades capitalistas.

Os capitalistas, donos dos meios de produção, detinham este privilégio, simplesmente porque eram os proprietários jurídicos das fábricas e dos campos, à semelhança dos regimes feudais.

As relações de produção e todo o processo produtivo tornam-se os grandes explicadores desta distribuição. Quando o capitalista assume uma posição de chefia e de agente indireto da produção, fá-lo por ser o dono, e não por ser o mais competente. Logo, a divisão técnica do trabalho não obedece ao mérito, mas à condição de posse dos meios de produção e nada mais.

Poderemos transpor esta análise para a atualidade e observar que a distribuição da riqueza é exponencialmente injusta e monopolizada para vantagem dos poucos que controlam e detêm os meios de produção.

A globalização é, tristemente, uma realização da análise científica de Marx, que alertava já naquela época para o perigo de um regime capitalista, em que a ciência iria exponenciar a produção, mas simultaneamente aumentar o fosso entre ricos e pobres.

A estrutura marxista ou a infra-estrutura constitui-se pela definição do processo de produção e das consequências desta dinâmica, que sempre existiu desde que o homem está na terra. No fundo, poderemos afirmar que, com a sua teoria, Marx tentou delinear um modelo de sobrevivência e mostrar ao mundo como essa sobrevivência foi tornada possível através da técnica e da interação social.

Se as relações de produção definem a estrutura marxista e denunciam a exploração capitalista, então poderemos concluir que as multinacionais são um exemplo de acumulação capitalista das relações de produção, demonstrativas de uma estrutura ou infra-estrutura atual que promove a desigual distribuição das riquezas entre os que trabalham e os que detêm os meios de produção.

A produção e as relações de produção são fundamentais, porque definem a estrutura económica de uma sociedade global cada vez mais controlada por grandes grupos económicos, onde os trabalhadores já perderam o controlo social da produção e jamais poderão retornar à produção da manufactura artesanal.

Neste sentido, a base económica de uma sociedade define-se pela análise do processo produtivo. No entanto, não podemos interpretar a teoria marxista apenas deste modo redutor e afirmar que apenas esta vertente analítica foi usada por Marx.

Pelo contrário, seguindo o espírito da dialética, devemos abordar a superestrutura que se distingue por ser o estado de direito e todas as representações ou consequências do modo de produção.

Se, por um lado, Marx deu um lugar preponderante à estrutura ou infra-estrutura, por outro, nunca excluiu a importância do aparelho jurídico e político da superestrutura ideológica.

Já Althusser se questionava sobre se, de facto, o processo de produção, as relações de produção – logo, a estrutura de uma sociedade na visão marxista – eram o único elemento explicativo de uma sociedade em mudança e em constante interrogação por parte dos seus intervenientes.

Podemos entender, com alguma clareza, o que significa a estrutura marxista. Esta surge como a definição do processo produtivo e das suas relações de produção, bem como dos tipos de propriedade privada instaurados e inerentes a este processo global que é a constituição de um contrato social. Mas devemos entender que o carácter dialético e dinâmico de uma teoria científica pressupõe a volatilidade dos critérios que a constituem bem como a constante reformulação das suas premissas.

Se a infra-estrutura ou estrutura marxista nos parece agora clara e aparentemente inteligível, passemos então para a definição da noção de superestrutura e das suas dimensões constitutivas.

"A estrutura económica da sociedade constitui sempre o fundamento real a partir do qual têm de ser explicados, em última instância, toda a superestrutura das instituições jurídicas e políticas, assim como os tipos

de representação religiosa, filosófica e outros, de cada período histórico" (Engels, *Anti Duhring*,1877).

2.8. A Superestrutura ideológica

Já pudemos entender que a estrutura económica de uma sociedade é a base explicativa e o fio condutor de toda a análise histórica, e possibilita que essa mesma análise seja científica, em oposição a outras reflexões que meramente especulavam sobre a História e as causas explicativas dos acontecimentos que pautavam o mundo dos homens.

O que Marx fez, ao construir a sua teoria, foi dar um carácter científico e credível à História.

A estrutura ou infra-estrutura marxista de uma sociedade não se limita a ser uma construção conceptual com um fundamento real e objetivo, sedimentado no processo de produção dos bens materiais. Recusa ser um esquema estático que perdure pelo tempo na forma de um dogma.

Pelo contrário, Marx constrói este corpo conceptual no sentido de definir a base de uma sociedade económica, de forma a impor uma dinâmica entre as relações de produção, as formas de propriedade, as forças produtivas e todas as dimensões que constituem a infra-estrutura marxista. Tem como objetivo lembrar aos possíveis interpretadores da sua teoria que, para uma leitura racional da História, devem ter sempre como base a dialética e o método do materialismo histórico.

Esta recusa em tornar-se um dogma que Marx reiterou em vários dos seus escritos deve ser respeitada.

A recusa de todo o simplismo leva-nos a problematizar o conceito de estrutura e infra-estrutura marxista, confrontando as leis constitutivas deste esquema conceptual com a atualidade e, numa fase posterior, expondo o conceito de superestrutura, que é de fundamental importância

– ao contrário do que alguns apontam –, e sem nunca deixar de reconhecer a primordialidade da estrutura/infraestrutura económica.

Se a génese da estrutura económica e das relações de produção capitalistas que perpetuam a exploração do homem pelo homem é a posse dos meios de produção por parte de uma minoria da população mundial e dos estados-nação, então devemos tentar perceber se, de facto, a posse dos ditos meios de produção se mantém como na época de Marx, nas mãos de uma minoria de privilegiados.

Neste sentido, deveremos referenciar indicadores e estatísticas de vários organismos internacionais que nos demonstram esta aparente errada distribuição da posse em termos mundiais.

No caso dos EUA, vemos que 5 % da população detém 40 % da riqueza do país e que, em termos mundiais, na acumulação de riqueza e nos monopólios constituídos pelas multinacionais são os supremos senhores do mundo.

Se os meios de produção e as concentrações monopolistas são o apanágio dos tempos modernos, então a teoria marxista mantém-se atual na sua análise. Contudo, a sua eficácia poderá ser posta em causa, visto que a inevitabilidade da revolução que Marx defendia não aconteceu.

Em todas as nossas análises, deveremos entender o porquê da importância que Marx deu à descrição da infra-estrutura de uma sociedade, precisamente para exemplificar estas relações de posse dos meios de produção e para denunciar as consequências deste *statu quo*, mas sem nunca também esquecermos a importância da superestrutura, que remete para o nível jurídico-político e o nível ideológico.

Nesta fase iremos refletir sobre o nível ideológico que poderá parecer um apêndice da teoria marxista, se enveredarmos por uma análise redutora deste conceito. Contudo, se tivermos em conta que a dimensão ideológica está presente em todas as outras dimensões ou níveis – nomeadamente no processo de produção e das relações de produção que definem a estrutura e infra-estrutura económica –, podemos observar que esta ideologia tem o seu papel e contribui para uma mecanicidade entre os agentes de produção que, afinal, não é tão mecânica quanto isso.

A este propósito, Marx e Engels questionam-se acerca de algumas sociedades em que as relações e os meios de produção estão numa fase primitiva, mas, paradoxalmente, as ideias e as ideologias ao nível filosófico estão ao nível das nações com indicadores de progresso tecnológico mais elevado, logo de produção dita moderna ou industrializada.

Na época de Marx, este fenómeno era de maior importância, pois um indivíduo trabalhador e intelectual, num país onde o modo de produção fosse semi-industrializado, teria mais dificuldade em sair da alienação e em identificar as causas da sua exploração através de uma análise materialista e dialética da História do que um cidadão desta sociedade atual, dita da informação, que tem acesso à Internet, e consequentemente à troca de ideias perigosas ou entendidas como tais.

Assim, podemos facilmente entender que, na época em causa, existiam cidadãos operários que, mais cedo ou mais tarde, teriam desenvolvido uma capacidade crítica do sistema capitalista ou da exploração das massas trabalhadoras, demonstrando-nos que quer Marx quer Engels não desvalorizaram a hipótese de esta dimensão ideológica ter um papel ativo na explicação científica dos processos históricos, juntamente com a infra-estrutura.

A ideologia está presente na prática política, económica, comunitária e familiar do indivíduo. A própria relação com a produção é influenciada por esta visão que deverá ou poderá fazer sentido para o indivíduo.

Paradoxalmente, esta dimensão ideológica é indispensável a todas as sociedades, mesmo à revolucionária.

Marx define as ideologias em sentido restrito, chamando-lhes sistemas de ideias, representações sociais.

O indivíduo tenta construir ideias feitas e formas de validação da realidade envolvente através da construção de conceptualizações abstratas e nostálgicas.

No fundo, este tipo de ideologia retrata a vontade de adaptação do indivíduo ao mundo, sem que se conheçam ainda as suas causas científicas. Ou, porventura, mesmo com tal conhecimento, o homem, enquanto ser da dúvida metódica, terá sempre esta apetência para as vertentes da espiritualidade e da divagação intelectual.

Marx dá o exemplo da teoria religiosa que ajuda o indivíduo a suportar a ignorância de não saber, ou a dor da perda de um ente querido. Neste sentido, a lógica do ser supremo e do transcendente é posta em causa, e entendida, de uma vez por todas, no seu lugar de prática cultural não científica.

Por outro lado, os "sistemas de atitudes e comportamentos" ou os hábitos de comportamento são a outra parte constitutiva da ideologia e representam a práxis cultural do indivíduo, as reações mecânicas do dia-a-dia social e as relações de produção, nomeadamente na aceitação de um espírito tecnocrático e de mando das manufaturas capitalistas. O indivíduo poderá ter, em sentido restrito, uma ideologia contrária, logo de teor progresssista, mas, por imposição das forças exteriores, é forçado a manter uma prática de subserviência em relação ao capital.

Assim, esta dimensão da ideologia é a prática cultural e mecânica de um indivíduo. Marx alerta para a possibilidade de, no caso de uma sociedade revolucionária, os agentes indiretos da produção, membros do proletariado, poderem cair no vício do poder, impondo e praticando o poder pelo poder, rasgando as leis da justiça revolucionária.

2.9. Os monopólios e a contradição liberal

Para Lenin (1977), a doutrina marxista refutou um idealismo hegeliano que impunha uma visão do ser e do pensamento em que o primeiro conceito era o pressuposto do segundo, a existência real de algo inato e a consciência do próprio estado seria tornado perceptível pela sua originalidade metafísica.

O homem teria as suas ideias iniciais de modo inato sem reconhecer que o meio material era o único e grande criador do ser. Hegel recusava que a experiência fosse a origem exclusiva da realidade.

Ainda segundo Lenin, Marx cria a visão e o materialismo histórico para determinar e delinear uma diferença entre os idealistas hegelianos e os materialistas, que reconheciam a causalidade material da História, mas recusavam admitir o carácter dialético e dinâmico dos factos históricos e dos indivíduos que os protagonizavam.

Desta forma deu características naturais aos factos históricos, que passaram da inércia dos dogmas para a volatilidade dos conceitos científicos. Para reforçar este conceito de dinâmica, Marx e Engels apropriaram-se da dialética hegeliana, reconhecendo o seu valor enquanto modelo de produção de conhecimento e eliminaram o seu carácter especulativo, impondo uma dialética materialista.

Lenin argumenta que Marx entendeu o facto de a consciência se explicar pelo ser e não o contrário; desta forma, tentou transpor este jogo conceptual para um entendimento da realidade social.

Ao efetuar este exercício intelectual, Marx descobriu que o ser social é o fator explicativo da consciência social, e neste sentido todos os comportamentos e visões do mundo criados pelos cidadãos eram feitos de acordo com uma base explicativa: a estrutura económica.

Lenin reconhece ainda o que outros teóricos *a posteriori* admitiram: que a grande descoberta da teoria marxista foi a de transpor esta dialética puramente especulativa para um instrumento conceptual, capaz de dotar os povos maioritários do uso de uma ferramenta poderosa de interpretação e transformação do seu meio envolvente.

Nesta perspetiva, a consciência social ou as ideologias sociais e as visões do senso comum que todos os indivíduos teriam da sociedade estavam deturpadas por uma metafísica e por um idealismo obscuro. Marx expõe o materialismo histórico como o método científico e considera que a dialética materialista deve ser a nova forma de entender dialeticamente o mundo, sempre sob uma perspetiva histórica.

Para Lenin o que Marx fez de tão extraordinário foi criar leis científicas de interpretação das contradições de todos os poderes antagónicos que transformam a sociedade atual e a época industrial.

O conceito marxista, que explica, de certa forma, estas tensões entre grupos, é a luta de classes. Já vimos antes que Althusser (1971), à semelhança de outros estudiosos da teoria marxista, afirma que a luta de classes é fundada pela desigual e injusta distribuição dos meios de produção.

Desde sempre o homem combateu, tendo em conta os interesses de classe, desde os homens primitivos até à atualidade, constituída por democracias nos países ocidentais, onde prevalece o código jurídico napoleónico, guardião da propriedade privada dos meios de produção de todos os *statu quo* da sociedade capitalista.

Desta forma, a luta de classes estaria mais viva do que nunca num mundo europeu industrializado onde os patrões combatiam os sindicatos e as primeiras organizações de proletários. Estas dicotomias e lutas de classes representam, para Lenin, a confirmação da teoria marxista que, desde o início, anunciava a dinâmica da História e do pensamento humano.

Esta premissa ajuda-nos a entender que o regime burguês que eclodiu após a Revolução Francesa foi uma demonstração de que a História obedecia a certas regras e que um fio condutor poderia ser descoberto mediante uma análise científica.

Lenin ressalva dos textos de Marx outro ponto importante para entendermos a teoria marxista no seu todo, mas também para fazermos uma ponte intelectual entre a atualidade e a época em que foi elaborado o materialismo histórico, afirmando que as classes ditas médias de pequenos proprietários e de certos agentes indiretos no processo de produção estariam a efetuar uma luta em prol do que eles pensariam ser os seus interesses, ao proteger a pouca propriedade que detinham, mas que, desta forma, estariam a perpetuar o modo de produção capitalista. Logo, a exploração do homem pelo homem e, em última análise, a sua própria exploração.

O proletariado apresenta-se para Lenin e Marx como a grande força revolucionária, talvez por ser maioritária e por ocupar um papel relevante na estrutura económica da sociedade. Mais uma vez, vemos que, segundo esta perspetiva, o ser social determina a consciência social.

O proletariado, na época de Marx, era uma nova classe e uma vibrante onda de mudança. Na época de Lenin, a classe dos trabalhadores tomou e tomava o poder em certos países, aplicava golpes de relevo ditas sociedades liberais económicas e industrializadas da Europa.

Toda esta convulsão poderá ter representado uma confirmação da validade da teoria marxista, pois tais acontecimentos iriam dar esperanças a todos os que se deixaram, conscientemente, seduzir pela teoria do socialismo científico. Lenin foi um desses homens que estudou e praticou o marxismo, ao pôr em prática os conceitos que formam a teoria marxista. Ao fazê-lo, viu-se confrontado com dificuldades, pois a especificidade da realidade russa era como todas as outras: única.

A teia marxista foi posta em prática, quando Lenin analisou uma sociedade russa imperialista de czares em que o povo vivia num regime feudal, e onde a força arbitrária misturada com uma metafísica obscura se impunha para dominar as massas.

Lenin estudou, e poderá ter provado, que a teoria marxista tem, de facto, um carácter universal, o que não é o mesmo que argumentar que esta teoria estaria revestida de uma validade intelectual e prática universal.

Identificar os interesses de cada classe e atribuir esses mesmos interesses, tendo em conta a posse dos meios de produção e o papel que cada indivíduo ou grupo tem no processo de produção, poderá ser a ação mais adequada para entender a luta de classes e os interesses antagónicos de cada sociedade. Sempre através da estrutura económica da mesma. Ao problematizarmos estas questões, poderemos entender o fio condutor das sociedades.

"O que domina na sociedade capitalista é a produção de mercadorias" (Lenin, 1977,123)

Lenin continua a descrever, segundo a teoria marxista, o que é uma mercadoria, argumentando que tudo o que é fabricado pelo homem, que satisfaça uma das suas necessidades, pode ser considerado mercadoria.

Este objeto material, que é agora transformado em conceptual para o exercício teórico e intelectual, tem um valor de uso e um valor de troca. Este tipo de valor é abordado por Smith e outros teóricos iluministas.

Lenin (1916) mostra que sabe quais são as fontes do marxismo e argumenta que um valor de uso satisfaz as necessidades de um indivíduo, mas que, proporcionalmente ao seu uso e à escassez, torna-se mais ou menos valioso segundo a lei da procura e da oferta.

Por exemplo, como Smith já nos exemplificou, um litro de água na foz do Amazonas não vale o mesmo que no deserto de África. Esta relação da proporcionalidade do valor de uso que Lenin nos mostra define o carácter universal da teoria marxista, pois tal como na época de Lenin a escassez e as relações de troca comerciais eram evidentes, continuam a sê-lo na atualidade.

Lenin aborda o conceito da mais-valia, no seguimento da sua análise da teoria marxista, e refere que, nas sociedades capitalistas ditas desenvolvidas, onde o modo de produção é complexo, são criadas as condições sociais para se constituir uma mais-valia.

O trabalhador efetua a sua ação para atingir o "tempo de trabalho necessário" e continua a efetuar a sua atividade detentora da produção até atingir um tempo de trabalho complementar.

É deste trabalho complementar que o capitalista, dono dos meios de produção, tira a sua mais-valia e o lucro de modo indevido, porque o trabalhador efetua o seu trabalho necessário para equitativamente repor o seu valor de uso e de troca, ditos justos proporcionalmente. Segundo esta teoria, faz mais e trabalha de graça para o patrão lucrar mais dinheiro e capital que irá investir em outros capitais.

Deste modo, o patrão, quando paga um salário ao seu empregado, está apenas a dar-lhe o mínimo e indispensável para a sua sobrevivência enquanto ativo do seu investimento. O operário tem apenas o mínimo para se alimentar e, por vezes, nem para a sua família o consegue fazer de modo digno.

A aceitação desta relação de troca, tida como justa e natural, é um engano que a superestrutura capitalista nos tenta incutir. As relações de trabalho e a distribuição dos rendimentos fruto do trabalho não eram, para Marx e Lenin, consequências naturais da evolução humana nem uma fatalidade. Pelo contrário, este *statu quo* é fruto de relações sociais historicamente determinadas, ressalvando o ponto de que outro modo de produção é possível e até necessário: o modo de produção comunista.

O próprio conceito de globalização contemporânea e ordem mundial da economia, logo da política e da cultura mundial que reinam e estabelecem o *statu quo*, poderão ser lidas através deste exercício metodológico da teoria marxista, no sentido de refutar a fatalidade de conceber e contribuir para a perpetuação de um mundo em que permaneçam inalteradas as desiguais distribuições de rendas, fruto do trabalho.

Este é um ponto que nos acompanha desde o início da nossa dissertação, numa tentativa de transpor e usar a teoria marxista para analisar a realidade atual. É tragicamente assustador constatar que muitas das causas da desigualdade social permanecem e algumas são ainda mais fortes no contexto da efetivação da exploração do homem pelo homem.

No entanto, continuaremos a refletir sobre os textos de Lenin, para depois tentarmos ligar, de modo racional, o marxismo à tentativa pós-moderna de tornar inteligível este mundo atual, não apenas para um grupo restrito de intelectuais, mas para todas as massas, à semelhança de Marx, que quis explanar a sua teoria a todos os operários e trabalhadores, para que pudessem conscientemente tomar as rédeas do seu destino.

O tema da acumulação capitalista demonstra-nos como os pequenos e livres proprietários dos meios de produção são expropriados através da socialização capitalista. No caso inglês, na pré-revolução industrial, milhares de pequenos artesãos e proprietários foram despojados das suas posses por imposição de uma dinâmica produtiva, jurídica e política.

Marx refere que o sistema capitalista provoca a concentração exponencial do capital, logo da posse dos meios de produção. Assim, os pequenos proprietários vêem-se obrigados, pela rentabilidade dos seus produtos, a vender as suas parcelas produtivas, porque simplesmente a conjuntura torna estas pequenas parcelas improdutivas, e só com uma unidade de produção massificada e mecanizada se torna produtiva, logo rentável.

A eficácia de que Smith falava poderia ser atingida através de um livre mercado onde a procura e oferta fossem os princípios fundadores. A meritocracia deu e dá lugar a um monopólio cada vez mais crescente, contradizendo as mais otimistas previsões de riqueza das nações e da igualdade de oportunidades entre os cidadãos.

Os capitalistas passam a ser rivais uns dos outros no sentido em que os grandes, com mais poder e acumulação de capital, têm tendência para comprar os pequenos proprietários sem uma atuação espontânea de uma lógica de mercado, mas simplesmente por serem mais fortes em argumentos estruturais.

O próprio sistema capitalista leva a que a acumulação de capital torne o canibalismo entre os detentores dos meios de produção uma norma que se verifica com mais intensidade quanto mais industrializada for uma sociedade.

Nesta perspetiva Marx aponta que o capital, através da mais-valia, reinveste os seus ganhos na técnica e tecnologia dos meios de produção, nomeadamente nas maquinarias e tecnologias de produção, substituindo a força braçal socializada, e colocando, perversamente, um grande grupo de trabalhadores e pequenos produtores numa situação de indigência, tudo em nome da eficácia e da produtividade.

Se, de facto, os capitalistas se canibalizam, atingindo um ponto de monopólio e de acumulação de capital cada vez mais flagrante, então as contradições e os interesses antagónicos entre os que detêm os meios de produção e os que apenas têm o corpo para sobreviver agudizam-se exponencialmente, e, em última análise, é esta forma perversa de acumulação capitalista que levaria Marx e Lenin a uma revolução comunista.

O mesmo será argumentar que os regimes políticos que, numa primeira instância, se localizavam numa esfera regional e imediata, são transformados em quadros de soberania transnacional, formando uma ordem mundial ou internacional que se espalha exponencialmente, tendo sempre como base o modo de produção capitalista e tudo o que resulta desse *statu quo*.

Lenin concluia dos textos de Marx o surgimento de um imperialismo de foro capitalista, que atraiçoaria os pequenos burgueses e todos os operários em benefício de uma minoria cada vez mais minoritária. É, de facto, o surgimento de uma ordem imperial, assente na época de Marx numa realidade colonial, em que a mão-de-obra era grátis e as matérias-primas fáceis de saquear dos povos indígenas dos ditos novos mundos.

É interessante observar como Marx já antecipava um carácter de luta de classes internacional sob a lógica do materialismo histórico. Este método de análise histórica terá surpreendido o próprio criador que, quando o aplicou em diversos contextos, terá feito estas descobertas preocupantes.

O sonho de Smith da riqueza exponencial das nações cai por terra com a análise marxista que analisa cientificamente os modos de produção e faz um diagnóstico das estruturas jurídicas, políticas e ideológicas. Marx e Lenin teriam a noção da importância da ideologia, tendo em conta um quadro imperial do capitalismo.

O monopólio mercantilista, aplicado pelos reis absolutistas dos tempos antigos e feudais, verificava-se de novo mas com outros revestimentos.

Esta denúncia é uma das grandes descobertas de Marx, impondo uma análise crítica e científica do económico e social, construindo uma ferramenta intelectual para que todos os trabalhadores pudessem decifrar as contradições envolventes.

Lenin interpretou estes ensinamentos e usou o materialismo histórico para mudar o seu mundo, mas teria o próprio a consciência de que o seu mundo era o planeta dos homens?

Sabendo do carácter exponencial do sistema capitalista, Lenin criou uma teoria crítica sobre o imperialismo, como sendo o último estádio do capitalismo.

Na sua célebre obra intitulada *Capitalismo, o último estádio do imperialismo*, tenta refletir e denunciar esta dimensão predatória e exponencial que Marx já tinha descrito do sistema capitalista, que canibaliza os seus e impõe uma forma de produzir, viver e de ver o mundo, sustentada, em última análise, pelo modo de produção em vigor.

É, pois, pertinente a argumentação de que o imperialismo colonial da época de Lenin e o neocolonialismo da atualidade são fruto de um processo de acumulação capitalista, assente no modo de produção capitalista que expropria e dá a posse real e efetiva dos meios de produção a cada vez menos indivíduos, transformando-os na classe transnacional.

Esta crescente acumulação de capital iria despoletar interesses tão antagónicos que as tensões e as massas seriam insuportáveis de conter.

Relembramos que, na época de Marx, o império inglês dominava o mundo, ou grande parte dele, através da ocupação militar de vastos territórios, impondo o modo de produção capitalista aos povos indígenas que estavam numa situação de escravidão. Deste modo, o sistema capitalista não reconhecia a condição de pessoa jurídica aos indígenas e usava-os de forma desumana. Talvez seja por isso que a acumulação primitiva e inicial da Europa e da Inglaterra tenha sido tão bem sucedida:

uma concorrência desleal com o resto do mundo em nome da liberdade, impondo, na verdade, o terror sobre a maior parte do mundo.

Mas o capitalismo, como já vimos pelos escritos de Marx, não poupa ninguém. Nem no centro do império os cidadãos estavam a salvo da exploração do homem pelo homem. Os cidadãos ingleses, durante a industrialização do país, que é tida por alguns historiadores como um período áureo e crucial para o desenvolvimento da humanidade, verificavam uma desigual acumulação do capital e dos meios de produção nas mãos de cada vez menos cidadãos.

Esta concentração monopolista dura até hoje, segundo os teóricos contemporâneos da globalização que afirmam, sustentados por dados das instituições supranacionais, o facto de esta realidade de acumulação imoral das riquezas do mundo ser uma realidade quantificável.

A noção de que o mundo estava e estaria cada vez mais interdependente, ideia que Marx e Lenin demonstraram, indicava que a dialética materialista e o método científico permitiriam a estes homens uma percepção dialética do mundo.

A concepção estática do mundo estaria, assim, totalmente abandonada e deixada em desuso, inclusivamente pelas as forças reacionárias.

Podemos constatar o carácter irreversível do modo de produção capitalista, quando este impõe uma forma de acumulação de capital e uma organização social da produção técnica, em que impossibilita a um pequeno e dito livre produtor de iniciar ou reiniciar a produção, sem ter de recorrer, cada vez mais, a um esquema exponencialmente complexo e caro para entrar no mercado e produzir.

Através desta lógica de acumulação capitalista e da mais-valia nas suas formas mais diversa, os indivíduos passam o ponto do não retorno e estão reféns da conjuntura política, ideológica e jurídica. Em última instância, a estrutura ou infra-estrutura económica da sociedade.

O caso de alguns países africanos, como S. Tomé e Príncipe, por exemplo, é ilustrativo desta realidade.

Todo este fenómeno de socialização irreversível do modo de produção que afeta os pequenos produtores é a marca da globalização, e já na época de

Lenin se verificava este processo, nomeadamente na Europa e, mais tarde, com o neocolonialismo nos ditos países em vias de desenvolvimento.

Na Guiné-Bissau como em S. Tomé, nos tempos da colonização, paradoxalmente a terra arável não era totalmente produtiva, no entanto o poder colonial impunha um trabalho forçado nas terras agrícolas, impondo uma cobrança coerciva do produto desse trabalho. Desta forma os indígenas da Guiné-Bissau detinham a posse das terras de forma parcelar, mas viam-se obrigados a entregar o produto do seu esforço ao poder colonial.

Esta realidade, imposta aos guineenses, donos do seu micro-meio de produção, alterou-se com a independência do país africano. A partir da independência, os proprietários indígenas puderam vender o seu produto a quem queriam.

Contudo, esta ilusão de liberdade foi cedo substituída por um sentimento de fraude e de desilusão. A realidade económica estrutural neocolonial começou, desde o início, a esmagar a soberania recém-conquistada de uma nação ansiosa de liberdade, igualdade e fraternidade.

O cenário que os novos pequenos proprietários encontraram foi um quadro de preços ditado pelo mercado amplamente desfavorável aos seus produtos que, sendo produzidos em pequenas linhas de montagem, não atingiam um preço competitivo como as grandes corporações multinacionais, que já impunham e estabeleciam por todo o mundo explorações agrícolas massificadas com custos de produção muito inferiores aos dos pequenos consumidores.

Desta forma, os cidadãos que, finalmente, poderiam lucrar com a posse efetiva e real dos seus campos viram-se, pela circunstância da ingerência neocolonial, obrigados a vender as suas terras por um preço de desespero. As grandes corporações, como é o caso da Monsanto, compraram as terras e voltaram a unificar as mesmas, transformando-as gradualmente em explorações de grande envergadura.

Este exemplo de neocolonialismo mostra como Marx e Lenin tinham a sua pertinência ao refletir nos fenómenos da irreversibilidade das etapas de evolução dos meios de produção.

Marx tinha noção de que a passagem da pequena manufactura para a grande indústria implicava processos irreversíveis. Lenin aproveitou esta dinâmica observada por Marx e teorizou sobre a forma como o processo de imperialismo capitalista impunha estas etapas de evolução dos meios de produção em diferentes zonas do mundo, com diferentes estados de evolução dos modos de produção.

O processo de globalização mostra tragicamente que esta etapa de desenvolvimento dos modos de produção, logo dos processos de trabalho, é difusa em todas as partes do planeta, mas tem uma inter-relação ainda difícil de retratar. Talvez uma definição dessa relação interdependente seja a criação do conceito de neocolonialismo.

Marx aponta o fim do capitalismo pela simples dinâmica da sociedade moderna que impunha, na época, um paradigma burguês, onde a socialização da produção como um processo irreversível ou tornado inevitável pela própria dinâmica dominante demonstrava que o socialismo ou uma fase de transição seria inevitável.

Entendendo a génese da teoria marxista, Lenin reforça o facto da instauração do socialismo como consequência da exploração capitalista. É curioso observar como Lenin, já na época dos seus escritos, denunciava a monopolização e a cartelização dos meios de produção, de toda a economia contemporânea.

Lenin defende que a socialização do processo de produção levará à socialização dos meios de produção e a uma sociedade sem classes, durante o processo de transformação capitalista da produção, que vai desde a pequena indústria e agro-explorações às grandes manufacturas e empreendimentos rurais.

A dinâmica social e os padrões de comportamento familiar e social alteram-se. As famílias diversificam-se na sua matriz; a igualdade de género transforma-se no sentido de uma maior participação dos dois géneros no processo de produção; as populações rurais deixam o isolamento do campo e passam a protagonizar uma interação entre a grande indústria urbana e o mundo rural, em grande parte já seguindo uma lógica capitalista. Todas estas transformações levam a que, paradoxalmente, sejam criadas as bases para uma família e uma sociedade mais igualitária.

Se o modo de produção capitalista cria novas realidades sociais e altera o equilíbro anterior, as condições de exploração e de miséria social mantêm-se da época anterior, dando um seguimento às relações de força material e de posse dos meios de produção. O sistema capitalista cria as condições de ruptura com a ordem anterior que, por si só, era injusta aos olhos de Marx e Lenin, e gera também as bases para uma sociedade comunista porque, seguindo esta lógica, a acumulação capitalista trará inevitavelmente uma sociedade sem classes.

Lenin reconhece o carácter dinâmico da imposição de uma ordem capitalista e reconhece com Marx que esta dinâmica faz parte de um estado rumo ao socialismo e a uma sociedade sem estado.

O estado, num regime capitalista, é instaurado para defender os interesses de uma classe dominante e minoritária. Para Lenin, os proletários deveriam ser anti-nacionais e, em simultâneo, apenas se desenvolveriam dentro de um estado-nação. A concepção comunista de estado pressupõe a sua extinção, como já referimos.

Se o estado é o símbolo de uma opressão capitalista e da sua classe, este pode ser também uma via para atingir uma sociedade sem classe, desprovida de nacionalismos antagónicos, porque, para Lenin, os antagonismos são de classe.

A concepção internacionalista que Marx e Lenin reconheciam à luta de classes e a todo o processo capitalista que estaria em curso nas suas épocas abre a porta a um entendimento do mundo globalizado e do imperialismo colonial e pós-colonial.

Assim, Lenin dedica a sua atenção, em pleno século XX, ao fenómeno do imperialismo e da concentração internacional do processo capitalista, expondo as contradições de classe a nível global. Investiga também a evolução dos bancos ao longo dos séculos, dos agentes de produção e das dinâmicas de poder entre um mundo europeu e um mundo maioritário, explorado na sua capacidade de produzir bens transacionáveis e na sua dignidade política, enquanto seres humanos merecedores de uma igualdade jurídica internacional.

O socialismo seria uma consequência do *statu quo* global, mas que surgiria de realidades regionais e autogeridas por um grupo de homens sem interesses de classe.

Lenin argumenta que o estado, enquanto tal, deixaria de existir, quando o socialismo pusesse em prática as suas medidas de socialização dos meios de produção e de um surgimento de uma reposição da posse real e efetiva nos pequenos e médios produtores dentro de um quadro de posse coletiva. Dever-se-ia ajudar os pequenos proprietários a entender e a aceitar esta nova ordem através do diálogo e de uma pedagogia acertada, com o uso da força se fosse imperativo.

Lenin, desta forma, está a confirmar o carácter não dogmático de toda a teoria marxista, reforçando a dinâmica dialética de um método científico: o materialismo histórico.

Através dos censos industriais da época, Lenin observa a evolução da concentração do capital e o subsequente monopólio, fruto do dito mercado livre. A partir de 1970, nos Estados Unidos da América, o número de empresas concentrava mais de metade do capital, evidenciando a tendência do monopólio deste país.

Na Alemanha observa-se a mesma tendência e em todos os países industrializados Lenin verifica que o livre mercado, ditado por um sistema capitalista, conduzia a uma concentração dos capitais, logo da posse dos meios de produção.

Esta situação, para Lenin, agudizava a luta de classes e punha a descoberto as teorias burguesas de que a livre concorrência e o livre mercado não são dados adquiridos e inevitáveis, nem distribuem a riqueza de modo igualitário entre as populações como Smith profetizara.

Surge aqui a constatação da livre concorrência capitalista, que pressupõe a desigual distribuição dos meios de produção e toda uma estrutura económica e ideológica. Neste sentido, a falácia de que o sistema capitalista é o estádio de evolução seguinte ao mercantilismo das monarquias absolutas, e fruto da revolução tecnológica industrial, cai por terra ou poderá ser desfeito por uma observação materialista e dialética da História.

Lenin demonstra, através de dados estatísticos da acumulação do capital, que, de facto, esta acumulação imoral e criminosa é originadora de um imperialismo e de uma dominação global dos homens trabalhadores que, sem os meios de produção, se tornam alvos fáceis.

Este carácter canibal que Marx denunciava no capital é exemplificado na análise de Lenin que demonstra como os próprios detentores dos meios de produção se aniquilam mutuamente até ser atingido um estado de perverso equilíbrio: o monopólio.

Este monopólio é a base do imperialismo e a explicação materialista do mesmo, que pode ser explicado de forma material e através da teoria marxista. Esta abordagem não deixa de ser extremamente válida nos dias de hoje, que nos fornecem mais e melhores dados estatísticos.

Lenin refuta, desta forma, as teorias burguesas que tinham fé no sistema capitalista e expõe a luta de classes e a defesa de interesses específicos de cada classe, como Marx argumentava, no capital, pois os opressores capitalistas não teriam a total noção da sua exploração do semelhante. Vemos, neste caso, que grande parte dos protagonistas do imperialismo, exposto por Lenin, não teria a total noção do seu papel no processo de acumulação capitalista total e global.

As guerras mundiais que tinham ocorrido e estavam a repetir-se tragicamente para os povos do mundo eram um reflexo desta necessidade de acumulação do capital e uma ânsia de novos recursos por parte de uma classe de proprietários com tendências canibais.

Lenin estabelece as etapas certas de evolução capitalista que conduziram os países europeus a uma economia liderada por cartéis e monopólios. Este fenómeno dá-se dos inícios do século XIX, mas tem as suas origens em décadas anteriores.

Nas décadas de 1860-1870, a livre concorrência como prática das economias e estados estaria a ser efetivada como o padrão de comportamento dos mercados. A ingenuidade ou a sagez de alguns capitalistas e setores do capital levou a que as sociedades adotassem este modelo.

A crise de 1900 e 1903 levou a que os cartéis originassem monopólios dentro dos setores fundamentais da indústria e do comércio. A importância em manter os preços estáveis, através da concentração entre grandes grupos de interesse, foi conseguida gradualmente e de um modo oportunista, aproveitando a crise geral da sociedade e um momento particularmente sensível dos paradigmas económicos (Lenin,1977).

Este processo, segundo Lenin, dá lugar ao surgimento do imperialismo, que se caracteriza pela existência de grupos transnacionais de capitalistas, donos dos meios de produção, que atraiçoam o dito mercado livre e estabelecem um protecionismo para os seus próprios interesses, alegando precisamente o contrário: a liberdade e a livre concorrência dos mercados.

Lenin entendia que, de facto, a concentração capitalista, depois desta crise mundial, passou a ter como agente fundamental os cartéis ou os monopólios. Estas formas de organização impuseram gradualmente toda uma ideologia e um modo de produção que exponenciava a exploração e o cada vez maior isolamento dos trabalhadores em relação ao processo de produção.

A globalização atual poderá ser vista como uma continuação dos monopólios que surgiram dos ditos mercados livres. As multinacionais e todos os agentes transnacionais serão fruto e constituintes de uma ideologia jurídica e moral, filha do sistema monopolista capitalista.

Quando Lenin argumenta a propósito da repartição dos mercados entre os cartéis, poderá fazer-nos lembrar como hoje o mundo está dividido entre interesses comerciais de certas nações poderosas. Esta divisão tem, segundo a lógica de Lenin, um fundamento económico, pois os poderes imperiais ou neo-imperiais exercem uma dominação económico-política e moral sobre grandes partes do mundo com o intuito de assegurarem um determinado tipo de modo de produção.

Vejamos o caso dos EUA, envolvidos nas guerras do Iraque e Afeganistão, em que o discurso oficial dos protagonistas imperiais era o de defesa dos imperativos morais e proteção dos direitos humanos.

Poderemos ter como verdadeiros e plausíveis os discursos oficiais dos EUA, mas se tivermos em conta os escritos sobre o imperialismo de Lenin, teremos outra visão.

O sistema de monopólio reparte os mercados e decide o funcionamento das economias na sua área de influência.

O modo de produção e a estrutura económica são, em última instância, os fios condutores da história dos povos. Desta forma, poderemos argumentar que, para manter o modo de produção dos EUA e as estruturas ideológicas do capitalismo ocidental, os países do Iraque e Afeganistão estarão a ser invadidos para se impor uma repartição do acesso às matérias-primas por parte dos cartéis liderados por potências como os EUA.

Nesta ótica, o modo de produção ocidental impõe uma justificação ideológica para os conflitos no Médio Oriente, onde exista petróleo em abundância, susceptível de ser comprado a um preço competitivo, e transformado em mercadorias posteriormente originadoras das mais-valias capitalistas.

Os lucros são distribuídos pela hierarquia dos cartéis e, curiosamente, acabam por se fixar através de donativos ou impostos nos organismos supranacionais como as Nações Unidas e o FMI que, tragicamente, servem os interesses dos cartéis.

Esta argumentação não deveria ser interpretada apenas como um ataque simplista às instituições que defendem o mercado livre e à doutrina neoliberal.

Através da análise marxista, poderemos constatar como Lenin concluiu que, de facto, a estrutura económica dos cartéis impõe uma dominação política, cultural e económica, que explora os países ditos em vias de desenvolvimento.

A dominação da maioria dos povos e territórios do mundo, que se traduz no imperialismo capitalista, deve-se à urgência em manter um modo de produção de acumulação capitalista, que põe o homem em segundo plano e tem como objetivo único a obtenção do lucro exponencial por parte de quem tem efetivamente os meios de produção globais: a minoria.

Se partilharmos os ideais humanistas da igualdade, liberdade e fraternidade, não poderemos estar satisfeitos.

Lenin demonstra como os monopólios se acentuam nos tempos ditos de crise, de forma a manter os preços baixos dos meios de produção fragilizados pela crise. Desta feita, os cartéis ou monopólios compram estes aparelhos produtivos ao preço de chuva, para os integrarem na sua organização multinacional. Este processo leva a que o monopólio da posse passe a ser o protagonista do capitalismo contemporâneo e do imperialismo neocolonial.

Para entenderemos este reforço do monopólio na economia ditada por um sistema capitalista, que usa as crises para edificar as dinâmicas de poder desigual de uma minoria, que tem a posse real da decisões e da riqueza material nas suas mãos, devemos ter em conta as crises cíclicas do capitalismo.

Na crise de 1900, os canais de informação existentes na época na Alemanha indicavam que o setor do cimento estaria contaminado para investimentos, e os capitalistas que tivessem capacidade de investir não o deveriam fazer neste setor, porque seria pouco prudente.

No entanto, esta informação confirmou-se uma falsidade, pois os cartéis do cimento ansiavam a desvalorização da parte restante do setor que não lhes pertencia, para o comprar a um preço baixo, de modo a incorporá-lo no seu império. Este exemplo que Lenin apresenta é, tragicamente, posto em consonância no caso das economias europeias como Portugal.

Na periferia portuguesa vemos que a crise impôs uma intervenção externa de assistência financeira protagonizada pelo FMI, PE, CM.

Esta intervenção foi legitimada pelo voto dos portugueses de modo indireto, pois votaram nos seus governantes, alegadamente sabendo das suas intenções em aceitar esta intervenção.

O governo português foi obrigado a implementar certas medidas económicas, logo sociais. Assim, várias empresas estruturais do país foram privatizadas.

Estas privatizações poderão ser interpretadas como similares às das empresas de cimento alemãs que Lenin descrevia nos seus textos. As empresas alemãs, vítimas do poder dos monopólios, mostram-nos que os setores estratégicos em Portugal poderão estar a ser vendidos pelo preço da chuva, com a desculpa da conjuntura internacional e de que os cartéis dos respetivos setores estarão a efetuar um exercício de acumulação e fortalecimento do monopólio nos setores de ação dos mesmos.

O monopólio que Lenin denunciava poderá ser identificado nos dias de hoje, pois, com a crise atual, vemos os mesmos mecanismos ideológicos, ao dizerem-nos tratar-se de um risco para os investidores comprar e apoiar, com o seu poder de capital, as empresas e a economia portuguesa. Por outro lado, constatamos que a compra voraz, e a um baixo preço, das referidas empresas desvalorizadas pelo dito mercado está a ser facilitada e aplaudida pela ideologia dominante.

Em última análise, poderemos afirmar que as escolhas dos cidadãos portugueses estarão a ser respeitadas, porque estes elegeram os seus representantes de modo livre e democrático.

No entanto, observamos através dos escritos de Lenin que, de facto, a cartelização da economia mundial nesta época de crise está a obedecer a certos padrões de comportamento já verificados e tidos como nocivos para o interesse geral das sociedades implicadas.

Para entendermos melhor este mecanismo da criação de um imperialismo capitalista através da cartelização e do monopólio, deveremos entender o papel dos bancos, que atualmente se afiguram como os protagonistas da figura do mercado omnipresente.

2.10. O poder das grandes corporações

Para Lenin, os bancos começaram por ser intermediários nos pagamentos dos capitalistas à sua mão-de-obra e de todas as trocas comerciais efetuadas por todos os agentes do processo de trabalho. Exerciam a função de depositários do capital inativo e da sua posterior transformação em capital ativo, sendo introduzido na atividade económica, por exemplo, no pagamento dos salários dos trabalhadores.

Este acto de passagem de capital para os salários seria a validação do carácter dinâmico do próprio capital. Toda a exploração capitalista que origina a mais-valia e o lucro dos patrões só é efetivada através deste processo dos bancos a servirem de intermediários entre o capital e o trabalho.

Durante os primeiros tempos da acumulação capitalista na pré-revolução industrial, Marx e Lenin referem que, em poucas décadas, vemos uma diminuição do número de bancos pelas regiões de cada país e também a nível mundial.

Se, de facto, o papel de intermediário, nada inocente, que os bancos têm na economia moderna é tido como evidente, então a cartelização deste setor poderá ser um motivo de interesse e de preocupação para quem tenta decifrar o processo do capitalismo imperialista.

A concentração dos bancos levou a um estado de monopólio brutal em que estas corporações bancárias possuem os capitais inativos na sua forma original: os meios de produção de vários países e estados soberanos. A manufatura nacional e internacional de certas àreas e países que são na sua formalidade democráticos, logo países soberanos. A soberania, como já pudemos observar, implica certos requisitos para ser eficaz. A vontade geral e a eleição democrática direta deveriam ser o modelo mais desejável.

No entanto, observamos que os mercados da atualidade poderão ser descritos como os cartéis do setor bancário que Lenin já denunciava na sua época e defendia como os grandes artífices e protagonistas do capitalismo imperial. Estes mercados impõem, de forma direta ou indireta, as leis de vários governos ditos soberanos e democráticos.

Vejamos o exemplo das passadas eleições francesas, em que François Hollande, o candidato da esquerda, se vê intimidado por avisos perpetuados pela ideologia dominante europeia, numa ameaça de má reacção dos mercados se, de facto, o candidato socialista ganhar.

Este episódio poderá ser tido como paradigmático da força dos mercados. O poder dos mega-bancos é forte, efetivo e nada misterioso de identificar.

Quando muitos comentadores e cientistas sociais da nossa praça tentam identificar o porquê desta dinâmica de poder dos ditos mercados, perdem-se em explicações onde não identificam os protagonistas e os lugares que estes ocupam no processo de produção, para depois poderem fazer um balanço real das suas ações e do seu efetivo poder.

Estes agentes, que poderão estar a cometer o erro da desinformação, deveriam constatar que os mercados carecem de controlo democrático e que todas as instituições europeias poderão estar reféns da classe de donos de meios de produção dos vários setores da economia nacional e internacional.

Lenin aponta a multiparticipação dos bancos em todos os setores da economia como forma de imposição dos seus monopólios totais ou potencialmente infinitos, de forma a obter mais lucros. Se os bancos detêm as matérias-primas e os setores de produção que efetuam a transformação destas mesmas matérias, então poderemos observar uma prática monopolista que, em vez de baixar os preços para o consumidor final, os aumenta de forma criminosa.

Os bancos modernos incorporam todos os seus concorrentes de mercado através de participações e troca de ações que garantam uma união formal e prática dos agentes externos ao banco, a instituição dominante. Desta forma, os bancos monopolistas concentram atividades que, antes do século XX, eram locais, ainda em grande parte do mundo, logo controladas por capitalistas locais.

Este processo de internacionalização dos monopólios europeus estende-se territorialmente com a ajuda da realidade colonial e do avanço das técnicas de comunicação que a sociedade industrializada pôs em curso para os agentes económicos dominantes: os donos dos meios de produção e dos cartéis.

Vejamos o caso da economia portuguesa e da realidade do setor imobiliário em que a banca detém grande parte da posse das empresas de construção que, por sua vez, receberão o dinheiro, fruto do valor de empréstimos concedidos aos cidadãos que querem adquirir casa própria.

Os bancos emprestam-lhes dinheiro, recebendo um lucro que advém da aceitação da cobrança de taxas de juro na cobrança do empréstimo. O cidadão, desprovido de meios de produção próprios e detentor apenas da sua força de trabalho como assalariado, é obrigado a aceitar estas condições injustas para sobreviver.

Segundo esta perspetiva, a livre concorrência não fez baixar o preço final dos consumidores; não distribuiu a riqueza material de modo mais equitativo; e não contribui para a democratização e o reforço das instituições democráticas.

Na atualidade os ditos mercados são já um agente político com contornos obscuros, e a sua identidade apresenta-se de difícil e dúbia definição. Os comentadores e cientistas sociais descrevem-nos como fruto de uma inevitável evolução do desenvolvimento humano das sociedades desenvolvidas e globais.

Esta normalidade poderá ser quebrada pela adopção da teoria marxista para uma interpretação da crise e das suas soluções. A definição de crise pode ser alcançada através de uma análise da concentração bancária e da sua instrumentalização, na atualidade, para impor uma nova forma de soberania, uma nova sociedade, logo um novo modo de produção económica.

Lenin argumenta que o velho capitalismo da dita livre concorrência foi gradualmente desaparecendo, devido ao processo de acumulação dos mega-bancos.

A organização social e económica das sociedades capitalistas e o domínio público de interesses, materializado na posse pública dos setores estruturais da economia nacional são abarcados por pequenos grupos de capitalistas controladores dos mega-bancos.

O acesso ao crédito, às remunerações e às avaliações das infames agências de rating são controladas por um único grupo super-poderoso. Este grupo, dono dos bancos internacionais, controla o fluxo dos capitais em toda a sociedade, impondo o acesso aos mesmos, tendo em conta interesses privados que, muitas das vezes, colidem com o interesse público.

Neste sentido, poderemos interpretar que os tecnocratas e os burocratas das instituições bancárias planetárias passam a exercer uma influência direta em todos os setores da economia. Desta forma, as fontes de crédito, a grande indústria e todos os empresários de uma sociedade capitalista se restringem de modo a serem monopolizados e instrumentalizados por um punhado de homens.

A liberdade de decisão empresarial é reduzida. A decisão dos investimentos e de toda a estrutura das empresas passa a ser sujeita a um aval dos grupos bancários.

Lenin argumenta que, com esta realidade exponencial, as grandes indústrias estabelecem acordos com a banca, de modo a cortarem o acesso ao crédito por outros empresários emergentes, para poderem continuar com o monopólio das suas áreas de atividade.

Nesta lógica de monopólio dos grandes bancos sobre toda a economia nacional e internacional, Lenin expõe o exemplo da perigosa relação entre estes grupos e os membros do governo parlamentar. Aponta o exemplo de que é normal a colocação de ex-membros de um governo nos conselhos de administração destes grupos económicos, de modo a facilitar a defesa dos interesses do grupo, no caso de alguma eventualidade.

Esta promiscuidade entre os grupos económicos e a política talvez exista para prevenir o funcionamento eficaz das instituições de soberania de um estado democrático que, por vezes, ameaça estes grupos.

Poderemos constatar novamente, através do materialismo histórico, que, de facto, a importância da estrutura económica de produção capitalista é o fio condutor de todas as outras dimensões da sociedade.

Mas Lenin vai mais longe e argumenta que dentro destes bancos se efetua uma divisão social do trabalho, de modo a capacitar os quadros decisores para a sua ação no terreno, fora da atividade bancária.

Nesta perspetiva, estas estruturas altamente organizadas poderão sobrepor-se à soberania e à representatividade democrática. A vontade maioritária, tida como fundamental para legitimar a moralidade e sobrevivência de um sistema político de sociedade, poderá estar comprometida, se reconhecermos o facto de a monopolização da estrutura económica por parte dos bancos ser uma instituição de um governo-sombra que, de facto, decide as políticas estruturais e a ideologia de toda uma sociedade planetária.

Este modelo é um perigo para os ideais da democracia e do estado de direito.

Vejamos a atual crise europeia e mundial em que os ditos mercados – grandes corporações que começaram por ser apenas bancos na concepção original do termo – implementam, através da intimidação mediática e controlando o fluxo dos empréstimos, as políticas nacionais, logo do bloco europeu.

Os parlamentos de países periféricos, como Portugal e Grécia, foram e são constantemente intimidados por uma ideologia mediática para que implementem os pactos acordados com a Troika, sob pena de não terem acesso aos mercados, os mega-bancos.

É curioso verificar que as instituições soberanas europeias e internacionais têm um discurso de resignação ao que o mercado dita, dando a ideia de que a soberania democrática nada pode contra as regras estabelecidas, arbitrariamente, por estes grupos financeiros.

Esta carência e ameaça à soberania efetiva dos povos poderá ser um dos traços de uma transformação do capitalismo antigo para a implementação do imperialismo capitalista no globo terrestre.

Este processo teve o seu primeiro fluxo significativo no início do seculo XX, como Lenin fez questão de realçar, e quebra um paradigma da ação bancária tradicional. Agora os bancos participam e possuem meios de produção de todo o tipo e entram na esfera da decisão política e social.

Um exemplo dado por Lenin é ilustrativo desta realidade. Relata o facto de um sindicato específico de uma fábrica e linha de atividade ter adoptado na Alemanha medidas de alteração dos seus estatutos e funcionamento do trabalho no local. Esta decisão que, por motivos económicos e ideológicos, estava contra os interesses dos bancos foi intimidada com uma carta mandada pelo banco, que ameaçava que a medida decidida democraticamente pelos sindicatos, emanando de soberania, deveria ser revogada sob o risco de perda do crédito até então concedido pelo banco.

Este é apenas um exemplo de como a estrutura económica de produção e distribuição dos meios de produção é determinante na decisão democrática ou na realidade dos trabalhadores.

A posse clássica dos meios de produção materiais muda com o surgimento do capital financeiro. Através da junção dos bancos com a grande indústria o conceito passa a ser conceptual e diverso. Surge, deste modo, a posse das ações de uma determinada empresa bancária que, por sua vez, tem participações em outras empresas e indústrias, de modo a garantir um controlo sem estar, de facto, na posse de todas as ações.

Lenin demonstra que o mecanismo ou a ilusão de que todos podem ter a posse de ações das indústrias e empresas numa sociedade capitalista dá a impressão de que todos podem decidir, de certa forma, o futuro da economia, logo da sociedade.

Contudo, o que se verifica com as grandes corporações é o monopólio de poucos proprietários que detêm a maioria das ações e que detinham o poder maioritário no início da acumulação do capital. Desta forma, o incentivo a fragmentação da posse dos meios de produção, na forma da compra de ações por cada cidadão individual, favorece os grandes monopolistas que detêm a maioria e fomentam a dispersão das restantes ações.

O conceito de posse dos meios de produção altera-se desde os tempos medievais ou pré-revolução industrial na sua forma, mas a sua essência, criada na luta de classes descrita por Marx no *Manifesto do Partido Comunista* (2011), verifica-se ainda mais na atualidade: quem tem os meios de produção exerce um domínio sobre todos os outros. O fenómeno descrito por Lenin acentuou-se tragicamente e poderá ser irreversível.

A concentração do capital financeiro nos países industrializados da Europa nos séculos XIX e XX tornou-se excedente. Os grandes monopólios, criados da acumulação inicial das indústrias europeias, forjou este capital, que carecia de ser rentabilizado sob a lógica imperialista.

A dinâmica de dominação de outros territórios ou mercados advém da urgência em pôr este capital excedente a lucrar o mais rápido possível. Para atingir este fim, o investimento em economias e países subdesenvolvidos é tido como uma boa opção, visto que, aponta Lenin, nestas aponta para o facto de agricultura em alguns países não ser desenvolvida de modo a pôr em participação direta na atividade económica as grandes massas de agricultores. Ao colocar estes cidadãos a produzir, poderíamos supor que o papel de decisão política dos mesmos seria acrescentado.

Mas, segundo Lenin, os monopólios de capitalistas não desejam que tal aconteça, logo diversificam o seu investimento pelo globo, de modo a minar o perigo da união dos trabalhadores a um nível nacional e internacional.

O empréstimo de capitais dos bancos para os países coloniais e neocoloniais implica nas cláusulas dos contratos uma obrigação de compra de produtos vindo do emprestado. Se a França e a Inglaterra permitiam, através das suas corporações capitalistas, que um fluxo de capital fosse para um país em vias de desenvolvimento e até para Europa, as contrapartidas teriam que ser em termos de circulação de mercadorias.

Este domínio do monopólio imperialista, sob a forma destas lógicas perversas, é o que se pode chamar de tráfico de influências e pode ser identificado na atualidade –segundo Stiglitz (2001), o FMI empresta o dinheiro a estados subdesenvolvidos com o intuito de ganhar concessões ou compras diretas de mercadorias europeias e americanas.

Esta lógica de ajuda, revestida de exploração, mantém-se. As denúncias de Lenin do envolvimento cada vez maior do setor bancário e financeiro em todas as realidades económicas e políticas do mundo poderão ter alcançado o seu auge na atualidade.

O imperialismo poderá ter dado lugar a um neo-imperialismo, e, na verdade poderemos argumentar que este é um processo dinâmico e que obedece a uma dialética de processos como é o da ação humana coletiva.

A necessidade de exportar os excedentes de capitais e de mercadorias das nações ditas desenvolvidas foi materializada através destas práticas monopolistas imperialistas, prova disso é o exemplo que Lenin dá do investimento brutal, por parte da Alemanha, em alguns países da América Latina.

Já na sua época Lenin partia do pressuposto de que os monopólios capitalistas se apoderavam da produção nacional e, naturalmente, se expandiam além- fronteiras no mercado global.

A existência deste mercado global foi possível também graças às revoluções tecnológicas da indústria e dos meios de transporte, de capitais, mercadorias e de pessoas. Esta realidade é já um facto.

O século XIX serviu de palco para a partilha do mundo em neo-feudos das grandes corporações capitalistas que, nesta fase, se identificavam no seu núcleo com algumas identidades nacionais dominantes, nomeadamente dos países desenvolvidos da Europa, América e Japão.

Contudo, estas corporações atualmente já não se identificam tão linearmente com os seus países de origem e nem defendem o nacionalismo de interesses fundamentais de qualquer identidade de um estado-nação moderno ou contemporâneo. Lenin (1977) teria a noção da importância deste processo de internacionalização da influência destes grupos e divisão económica, logo política do mundo.

Dá-se a definição de semi-colónias, países que mantêm a sua independência política, mas estão comprometidos com uma potência estrangeira, de modo a ceder o monopólio das suas atividades económicas para um monopólio maior de outro estado.

Este estado colonizador ou semi-colonizador exporta com sucesso os seus excedentes e alcança lucros consideráveis em troca de um financiamento dito favorável à semi-colónia. O caso de Portugal é abordado por Lenin que indica a sua dependência de Inglaterra, após as guerras de sucessão com Espanha, e o apoio dos ingleses no sentido de garantir uma soberania formal dos dirigentes do estado português.

O imperialismo surge como consequência de uma evolução do sistema capitalista, de uma acumulação previsível deste sistema económico e social.

Para Lenin, o capitalismo monopolista é uma fase evolutiva do capitalismo inicial, que tinha como pressuposto a livre concorrência. Os monopólios são a efetivação desta evolução, que impõe uma dinâmica de concentração da posse dos meios de produção, por parte de grandes grupos económicos. A fusão do capital dos grandes bancos com o capital da indústria cria o poder financeiro imperialista.

O império impõe o fruto de uma realidade económica de monopólio e estende-se na dominação territorial do planeta pelas nações poderosas capitalistas. Esta divisão do mundo tem como fundamento a necessidade crescente e exponencial que os grandes grupos económicos têm de expandir o seu mercado e aumentar as suas margens de lucro.

A anexação de territórios, para quebrar os monopólios inimigos, explica a sede de poder e as políticas expansionistas das nações poderosas. O surgimento do capital financeiro é decisivo, sob esta perspetiva, para a imposição do imperialismo, pois implica uma ambição desmedida em busca do lucro.

Os apologistas do modelo imperialista argumentam agora, e defendiam na época de Lenin, que a anexação dos territórios e a criação do capital financeiro fazem parte da normal evolução de um sistema justo e resultante da revolução das formas de produção industrial e bancária.

O *statu quo* imperialista é tido, para os seus partidários, como a única evolução possível para a humanidade, chegando a considerá-lo como o fim da História e o atingir do modelo de excelência para a existência humana em sociedade.

Os factos que apresentam não serão, certamente, estatísticos, pois a trágica realidade dos números da miséria dos povos do mundo é avassaladora. Todos os indicadores de desenvolvimento humano nos dizem que, de facto, a maior parte da população mundial vive com grandes carências. A fome é a primeira causa de morte no planeta.

Lenin poderá mostrar-nos que a sua noção de império prevaleceu e perdurou até aos dias de hoje. A concentração da riqueza é atualmente maior do que era há duas décadas, e certos países africanos estão cada vez mais pobres. Por outro lado, as grandes multinacionais, que são os protagonistas do capitalismo monopolista, exercem um papel ativo nas decisões do foro político e soberano. A divisão do mundo em mercados através do neocolonialismo poderá ser a continuação desta fase do capitalismo.

Para entendermos o imperialismo de que Lenin falava é, no nosso entender, pertinente aplicar o método do materialismo histórico para o statu quo atual e redefinir o conceito de globalização.

Ao refletir sobre o imperialismo monopolista, Lenin argumenta que a concentração dos meios de produção é a causa da dominação mundial do capitalismo por parte dos grandes grupos económicos.

As multinacionais e as organizações supranacionais de soberania com jurisdição mundial poderão ser fruto desta acumulação dos meios de produção a nível global. Desta forma, a análise dialética e materialista da História poderá ser ainda válida.

Tentámos neste capítulo, e na globalidade deste nosso estudo, criar as bases de uma discussão mais profunda sobre a aplicação do método marxista aos conceitos e definições, ainda pouco concisos, de um fenómeno contemporâneo ou sempre eterno no desenrolar da História: a globalização.

Conclusões

Esta dissertação foi elaborada com o intuito de repensar as várias definições e os vários entendimentos do fenómeno globalização/mundialização contemporânea.

Tentámos identificar as teorias que nos parecem mais relevantes, com a intenção de formular uma base de entendimento conceptual que permitisse uma problematização do fenómeno da inter-relação dos homens no seu micro e macrocosmos social.

A nossa análise foi direcionada para a criação de um diagnóstico conceptual do mundo contemporâneo e, consequentemente, das múltiplas realidades que se estabelecem entre os indivíduos de uma sociedade global. As relações entre as práticas culturais e os modos de organização das sociedades foram contextualizadas, tendo em conta as divisões materiais e simbólicas que o mundo aparentemente terá.

Refletimos sobre as diferentes formas de entendimento do meio envolvente por parte dos indivíduos, através de uma visão antropocêntrica das significâncias e realidades objetivas das sociedades, e neste sentido pudemos constatar que a produção de uma realidade inteligível sobre o meio circundante é dinâmica e sempre o foi.

O carácter dialético do nosso entendimento opôs-se à visão dogmática das realidades humanas. Quem pensa o mundo de forma obscurantista, recusando a dúvida científica, poderá estar num contra-ciclo do que é a busca incessante dos povos do mundo, para encontrar uma visão eficiente e capaz de perpetuar os movimentos de continuidade da espécie, enquanto concorrente na luta mais estóica de todas: a sobrevivência.

As várias definições e os entendimentos da globalização/mundialização que abordámos têm algo em comum, profundamente paradoxal.

Todos os autores e cientistas sociais que serviram de fonte na nossa investigação chegam a um ponto das suas teorias em que demonstram ter uma vontade incontrolável de obter uma eficácia conceptual, no sentido em que procuram um entendimento global para um mundo que, em muitos dos casos, permanece local e regional.

Vemos, deste modo, o etnocentrismo dos respetivos intelectuais que, *a priori*, detêm as ferramentas conceptuais e metodológicas necessárias para efetuar um estudo dito científico. No entanto, o resultado teórico destes pensadores demonstra-nos a sua reconhecida incapacidade de desenvolver uma satisfação pessoal e egocêntrica, bem como a hipótese de construir um esquema explicativo científico, abrangente e acutilante dos fenómenos da globalização.

O paradoxo instala-se nas mentes dos que ambicionam decifrar as dinâmicas e os fios condutores da História, ao estabelecer uma visão científica do que é o nosso meio envolvente e das possíveis transformações em curso, que possam acontecer na nossa realidade: o mundo dos homens.

A globalização poderá ser retratada como um fenómeno humano de inter-relações multi-dimensionais que definem não apenas o entendimento humano do seu meio envolvente mas também a matéria objetiva do planeta Terra, enquanto massa física e natural.

A humanidade cria a sua própria esfera de percepção do real. Segundo o idealismo alemão de Hegel, o pensamento humano cria a sua própria realidade e justifica as ações dos indivíduos mediante uma rede de simbologias e construções conceptuais. Devemos ter sempre em conta a nossa incomensurável especificidade, no sentido de entender que o social apenas poderá ser explicado pelo social.

Refletimos sobre a visão de um mundo dividido por uma rede de poderes institucionais e supranacionais, materializados nas Nações Unidas, no Fundo Monetário Internacional, na Organização Mundial do Comércio e todos os centros de poder que emanam poder normativo, jurídico, político e militar.

A ideia de uma ordem jurídica global, materializada nestas instituições, seduziu-nos pela capacidade orgânica de envolver as sociedades numa dialética comparativa, que nos terá dado uma percepção da importância dos consensos planetários.

Esta visão defendida por Negri (2007) e outros especialistas da globalização parte do pressuposto da existência uma nova ordem imperial, que tomou conta dos cidadãos globais através dos consensos generalizados, das imposições morais, militares e da força das circunstâncias.

Poderemos reconhecer a validade desta abordagem, pois possibilita-nos identificar institucionalmente os protagonistas do jogo global, criticar as suas falhas e propor soluções que caminhem no sentido da obtenção de um mundo mais justo, fraterno e igual.

Ao longo da nossa investigação, pudemos constatar que todo o trabalho científico tem as suas dificuldades epistemológicas, e a imparcialidade num mundo cheio de escolhas obrigatórias poderá abalar a essência do método científico, tornando-o frágil.

Contudo, tentámos manter uma linha mestra e decidimos guiar-nos pelos ideais ditos humanistas da liberdade, igualdade e fraternidade.

Esta nossa postura leva-nos a problematizar criticamente esta concepção institucional e jurídica de impérios.

Reconhecemos que, de facto, estas instituições internacionais exercem um poder efetivo sobre os macro e micromundos das populações mundiais. Sabemos também que a sua origem é fruto de um período de guerra e de barbárie nos povos da Europa. Assim, a ânsia de um entendimento global ou colonial foi, na verdade, a causa do surgimento destas instituições de soberania popular planetária.

No entanto, tivemos a intenção de ir para além destas análises porventura parciais da globalização, no intuito de tentar encontrar o fio condutor deste fenómeno em constante mutação.

Reconhecemos que o poder das instituições políticas mundiais é uma realidade, mas teremos que ter em conta uma rede de relações económicas, culturais e territoriais para elaborarmos uma visão mais completa.

Argumentamos, com Marx, que a estrutura económica das sociedades poderá ser o fio condutor das sociedades mundiais.

O modo de produção capitalista, o capitalismo, será, porventura, a causa mais identificável da evolução e materialização deste nosso mundo. As divisões territoriais do mundo em colónias por parte da Europa, e agora pelo neocolonialismo das outras potências imperiais, obedece a uma lógica de expansão de mercados e de obtenção de lucros exponenciais.

Ao partilhar esta visão materialista e dialética da História, tentamos dar o benefício da dúvida aos teóricos contemporâneos da globalização – Negri, Boaventura, Milton Santos, Ziegler e muitos outros –, que tentam, através de diferentes conjeturas, criar um esquema interpretativo do fenómeno.

Vimos que as redes informativas de Castells e o império jurídico de Negri, bem como os global-poderes de Milton Santos têm a sua pertinência, pois estabelecem dialéticas de entendimento dos fenómenos que nos rodeiam.

A sociedade em rede mostra-nos o poder das relações simbólicas e da troca de informação que sustenta o império jurídico supranacional das instituições. Estas dinâmicas complementares de organização mundial são, de facto, identificáveis e plausíveis.

Contudo, poderemos pensar que estas análises carecem de avanço científico e filosófico.

Consideramos que as grandes mudanças e manutenções de *statu quo* no mundo são efetivadas, tendo em conta uma relação de privilégio económico e produtivo. Desta forma ambicionamos ter demonstrado, à semelhança de Marx, que a forma de produzir os objetos materiais e a sua posterior distribuição constituem a causa do todo social, da globalização.

O mundo contemporâneo, na nossa perspetiva, poderá ser também decifrado através da teoria marxista, devido às suas persistentes contradições entre os trabalhadores assalariados e os que detêm os meios de produção ou as ferramentas materiais de sobrevivência.

Contudo, o princípio da dialética ensinou-nos que nunca devemos parar de questionar os métodos e as lentes de entendimento da sociedade dos homens. Reconhecemos que, de facto, nesta era de informação, as redes de interconectividade e de troca de significâncias se afiguram como forças poderosas de ação e reação entre os cidadãos do mundo. Podemos observar as Primaveras Árabes ou as chantagens dos mercados financeiros sobre certos Estados soberanos europeus, ameaçando-os de cortar o financiamento, se um determinado partido for eleito.

Tivemos a oportunidade de abordar o caso peruano, que ainda subsiste, na sua trágica dimensão, de um povo de camponeses índios ou, alegadamente, de ascendência indígena que é empurrado para uma condição de indigência e miséria.

A segregação dos serranos na nação peruana poderá mostrar-nos como a linha entre a discriminação étnica se torna ténue em relação à segregação económica. Os serranos e a população peruana em geral estão, como os níveis de desenvolvimento internacionais indicam, numa situação precária, apesar de os indicadores macro-económicos desmentirem esta argumentação.

O Peru cresce 7% por ano, mas a dignidade, a liberdade e a fraternidade na sociedade peruana foi durante muito tempo destruída por regimes políticos totalitários e genocídios.

Na atualidade, devemos reconhecer que, de facto, a nação peruana terá mais motivos para sorrir, mas nunca esqueçamos a relação desigual entre a oligarquia e o comum dos cidadãos.

Quando falamos de cidadãos, devemos ter em conta a soberania e o contrato social que os povos fizeram e estabeleceram entre si no decorrer dos tempos. Mais uma vez, pautamos a nossa análise pelos valores da democracia e da representatividade para efetuar e pensar a globalização.

A estrutura económica das sociedades complementa-se com a força das ideias e as apetências inatas de comunicação entre os povos do mundo. A questão que tentamos esclarecer foi a de qual das dimensões poderia ser o grande fio condutor de uma explicação do *statu quo* mundial, logo da globalização contemporânea.

Tentámos chegar a uma conclusão válida em oposição àquilo a que damos o nome de paradoxo conceptual, protagonizado pelos teóricos da globalização atuais, que, como já referimos, não definem um caminho satisfatório nem uma solução para o entendimento deste fenómeno, que nos possa levar ao grande intuito de todo o conhecimento científico: melhorar a nossa inteligibilidade sobre o que nos rodeia, de forma a tornar a nossa sobrevivência mais plausível.

Podemos concluir que as novas teorias da globalização poderão estar contaminadas por um estigma estrutural ou por um condicionamento económico que as impossibilita de tornar mais compreensíveis as múltiplas realidades constitutivas do nosso mundo. Argumentamos que o indivíduo está preso a condições biológicas de sobrevivência física e instintiva, e o próprio surgimento do conhecimento científico obedece a esta lógica.

Dentro desta visão poderemos relacionar e explicar todas as teorias de entendimento do mundo globalizado como tentativas de perdurar na existência terrena. Através do nosso estudo, pensamos poder concluir que existem várias teorias de entendimento humano da globalização.

A teoria marxista poderá ser ainda uma ferramenta útil na descodificação da nossa contemporaneidade, sempre que tenhamos uma visão científica e não dogmática desta teoria que, na verdade, é um conjunto de influências e de vivências, que nunca deve ser tida como estática.

Pelo contrário, poderemos argumentar que a teoria marxista está presente nas teoria de Castells, Boaventura, Milton Santos, Bourdieu, Negri, Milton Friedman e de todos os teóricos do mundo inteligível, pois o conhecimento humano é uno e poderá ter um único objetivo: sobreviver.

Contudo, podemos constatar uma divisão do mundo em vários espaços geográficos da condição humana.

Observamos que, na maioria do planeta, os níveis de desenvolvimento continuam a ser baixos e em alguns casos continuam a descer. Não obstante o crescimento da produção mundial de alimentos e tecnologias, a desigual distribuição dos bens materiais e alimentares entre os povos do mundo é e foi uma causa maior para a nossa investigação, pois definir a globalização implica um diagnóstico das condições humanitárias dos indivíduos, e não apenas dos quadros macro-económicos que o capital financeiro nos mostra e indica.

Uma visão cientifica é, na nossa perspetiva, fundamental para decifrar a realidade global. A aplicação de um método e a seriedade intelectual são igualmente imperativas para todo o processo de investigação, mas nunca nos poderemos esquecer do que nos diferencia dos animais irracionais: a racionalidade e a partilha de valores morais.

A moralidade e a partilha de práticas culturais constituem, porventura, a génese de toda a teoria materialista. Poderá ser um paradoxo de entendimento, quando argumentamos que o próprio Marx teria tido como base da sua argumentação os princípios filosóficos da igualdade, liberdade e fraternidade, tendo em conta o entendimento material da realidade económica marxista.

A própria teoria do materialismo histórico deve ser questionada nos seus fundamentos. Será que a visão económica e científica de Marx teve mais idealismo do que possamos pensar? Tudo deve ser posto em causa. Este é um denominador comum entre todos os pensadores abordados nesta tese: a dialética constante e a incerteza, por vezes, desesperante do processo científico, no intuito de entender e modificar a realidade perceptível do mundo global.

Vimos como o planeta foi e está dividido em zonas de influência; constatámos como os cidadãos do mundo têm uma noção mais perceptível do seu poder nas decisões planetárias.

Uma nova casta de cidadãos universais poderá ter surgido nas últimas décadas e continua a brotar. Estes indivíduos terão uma oportunidade única de exercer uma cidadania global, pois estão, como todos os indivíduos dos seus tempos, no direito efetivo de decidir o futuro da espécie humana, o seu futuro.

Foi com o intuito de esclarecer os desafios da humanidade atual que elaborámos este estudo, no sentido de podermos refletir sobre os condicionalismos que desafiam material e simbolicamente a existência humana no século XXI.

Bibliografia

-Althusser, L.(1971). Pour Marx. Paris: François Maspero.

-Aron, R. (2002). Le Marxisme de Marx. Paris: Éditions De Fallois.

-Attali, J. (2005). Karl Marx , ou l´esprit du monde. Paris: Fayard.

-Braillard, P. (1980). O Imperialismo. Sintra: Publicações Europa-América.

-Casas, B. (2004). A Short Acount of the Destruction of the Indies. London: Penguin Books Limited.

-Castells, M. (2003). O Poder da Identidade. Lisboa: Fundação Calouste Gulbenkian.

-Castells, M. (2003). O Fim do Milénio.Lisboa: Fundação Calouste Gulbenkian.

-Castells, M. (2009). Comunicazione e Potere. Milano: Universitá Boconi Editore.

-Castro, J. (1974). Geografia da Fome.Porto: Brasília Editora.

-Cecoli, S. (2006). Il ritorno di Sendero Luminoso.R. S. Marino: AIEP Editore.

-Chomsky, N. (2003). Piratas e Imperadores, Velhos e Novos. Mem Martins: Publicações Europa-América.

-Defarges, P. (1997). La Mondialization. Paris: Presses Universitaires de France.

-Denis, H. (1978). História do Pensamento Económico.Sintra: Printer Portuguesa-Industria Gráfica, LDA.

-Duverger, M. (1973). Sociologie de la politique. Paris: PUF.

-Eco, U. (1982). Apocalípticos e integrados. Lisboa: Difel.

-Foucault, M. (2010). Nascimento da Biopolítica. Lisboa: Ed.70.

-Freire, P. (1975). Pedagogia do oprimido. Porto: Afrontamento.

-Giddens, A. (1990). Sociology. London: Polity Press (Trad. port. nas Edições Gulbenkian).

-Harnecker, M.(1976). Conceitos Elementares do Materialismo Histórico. Lisboa: Editorial Presença.

-Harnecker, M. (2000). Tornar possível o Impossível.Porto: Campo das Letras.

-Hobsbawm, E. (1975). A Era do Capital.Lisboa: Editorial Presença.

-Hobsbawm, E. (1996). A Era dos Extremos.Lisboa: Editorial Presença.

-Jalée, P. (1970). O Imperialismo em 1970. Lisboa: Livraria Sá da Costa Editora.

-Kerchove, D. (2008). Transpolitica. Milano: Apogeo.

-Klein, N. (2009). A doutrina do choque. A Assenção do capitalismo de desastre, Lisboa: SmartBook.

-Lefebvre, H. (1976). O Marxismo. Lisboa: Livraria Bertrand; (1969) O Pensamento de Lenine. Lisboa: Moraes Editores.

-Lenin, V. (1977). Obras escolhidas. Lisboa-Moscovo: Edições Avante.

-Lenin, V. (1975). Em defesa do Marxismo.Coimbra: Edições Textos Nosso Tempo.

-Lipovetsky, E. (2010). A cultura-mundo.Lisboa: Ed.70.

-Mariátegui, J. (1928). 7 ensayos de interpretación de la realidad peruana.
-Ayacucho: Fundación Biblioteca Ayacucho.

-Martell, L. (2011). Sociologia della Globalizzazione. Torino: Giulio Eunaudi editore.

-Marx, K. (1894). Le Capital. Paris: Ed. Costes.

-Marx, K. (1945). Misére de la Philosophie. Paris: Editions Sociales.

-Marx, K. (1978). Karl Marx, Textos Escolhidos. Lisboa: Editorial Notícias.

-Marx, K. (2011). O Manifesto do Partido Comunista.Lisboa: Edições Avante.

-Mehring, F. (1976). Karl Marx, Vida e Obra, Lisboa: Editorial Presença.

-Mongardini, C. (2007). Capitalismo e Politica nell'era della globalizzazione. Milano: FrancoAngeli s.r.l.

-Moreira, N. (1975). O Modelo Peruano. Lima: Ática.

-Moutinho, M. (2011). Pobres e Ricos, A "globalização contemporânea" último estádio do capitalismo?, Lisboa: Edições Colibri.

-Munkler, H. (2008). Imperi. Bologna: Il Mulino.

-Naria, G. (1994). Sendero Luminoso.Napoli: Tullio Pironti Editore.

-Negri, T. (2007). Impero. Milano: BUR.

-Neves, R. (2012). Gramsci, A cultura e os Subalternos. Lisboa: Edições Colibri.

-Nkrumah, K. (1973). Le Neo-Colonialisme, dernier stade de l´Impérialisme. Paris: Presence Africane.

-Programa das Nações Unidas para o Desenvolvimento (PNUD). (2008).

-Relatório do Desenvolvimento Humano 2008, Lisboa: Trinova Editora.

-Proudhon, P. (1966). Qu`est-ce que la Proprieté. Paris: Garnier-Flammarion.

-Roux, J. (1971). O Marxismo-Leninismo. Lisboa: Editora Meridiano.

-Russel, B. (1991). Storia della Filosofia Ocidentale. Milano: TEADUÉ.

-Santos, B. (2001). Globalização, Fatalidade ou Utopia (1ª ed.). Coimbra: Edições Afrontamento.

-Santos, B. (2006). A gramática do tempo.Porto: Edições Afrontamento.

-Santos, B. (2011). Portugal, Ensaio contra a Autoflagelação. Lisboa: Almedina.

-Santos, M. (2000). Por uma outra globalização: do pensamemto único à consciência universal. São Paulo: Editora Record.

-Santos Neves, F. (1974). Negritude e Revolução em Angola. Paris: Edições ETC;

-Santos Neves, F. (1975). Negritude, Independência, Revolução. Paris-Lisboa: Edições ETC;

-Santos Neves, F. (2000). A globalização Societal Contemporânea e o Espaço Lusófono-Mitologias, Realidades e Potencialidades. Lisboa: Edições Universitárias Lusófonas.

-Santos Neves, F. (2013). A Política não é tudo, mas tudo é Político. Lisboa: Âncora Editora.

-Santos Neves, F. (2013). A Hora da Lusofonia, Para uma Crítica da Razão Lusófona, Edições Universitárias Lusófonas.

-Smith, A. (2009). The Wealth of Nations. Londres: Digireads.com Publishing.

-Stiglitz, J. (2006). La globalizzazione che funziona.Torino: Einaudi.

-Touraine, A. (1992). Crítica da Modernidade. Lisboa: Instituto Piaget.

-Ziegler, J. (2005). L´ Empire de la Honte. Fayard.

ANEXOS

Anexo 1

Mário Moutinho, Pobres e Ricos: a "Globalização Contemporânea" último estádio do Capitalismo? Em forma de conclusão[*]

A compreensão corrente na sociedade contemporânea acerca da ideia de "Globalização", onde os fenómenos existem de forma autónoma sem qualquer articulação entre eles, assenta na recusa generalizada de aceitar a existência de um princípio organizador da racionalidade social e económica do mundo em que vivemos.

Neste sentido, as leituras dos factos sociais e económicos é feita de forma segmentada, impedindo por isso mesmo (como consequência) uma perceção crítica da lógica e dos princípios estruturantes da sociedade contemporânea.

O principal objetivo deste trabalho é tentar compreender se a "globalização" é um fenómeno segmentado, novo e diverso do Capitalismo, ou antes pelo contrário é apenas a forma que o Capitalismo assumiu, resultante das regras elementares, pelas quais este se tem sempre regido.

A rejeição de toda e qualquer referência ao Marxismo na ideologia dominante dos países ocidentais, desde os anos 80 em particular - meios de comunicação social, diferentes graus de ensino etc. - é um dado

---

[*] Este anexo, além do mais, é a minha maneira de homenagear e agradecer ao Prof. Mário Moutinho pela publicação desta obra fundamental sobre a "Globalização/Mundialização Contemporânea" (Edições Colibri, 2011).

permanente e, em nosso entender, tem uma lógica clara. Se a globalização não é uma forma do Capitalismo, o entendimento marxista do Capitalismo não é aplicável ao entendimento da Globalização.

Mas pelo contrário, se a Globalização é a forma contemporânea do Capitalismo, o pensamento marxista permite fazer a sua leitura crítica tendo por apoio a vasta bibliografia marxista.

Ora, porque o marxismo não é apenas uma teoria explicativa, mas antes pelo contrário fornece o entendimento que sustenta um fazer político de cada cidadão, consequente intervenção e postura social, a rejeição do pensamento marxista é condição de base para o desenvolvimento contemporâneo, sem que os seus fundamentos sejam contestados. Não compreender, neste caso, reforça a submissão.

Um texto de Lenine, "apagado das memórias", e escrito em Zurique em 1916, apenas 13 anos antes da Grande Crise de 1929 dá conta da forma como o capitalismo evoluía e teria tendência a evoluir na mudança do Século XIX para o Século XX e ao longo do Século XX. Na verdade, neste início de Século XXI nada de fundamental e novo se anuncia. Podem ter mudado as formas ou as tecnologias mas nada parece alterar os fundamentos do sistema económico em que vivemos. O que hoje se chama geralmente de *globalização* enquadra-se como veremos, no nosso entender, no processo então analisado.

A bibliografia não marxista sobre a globalização é extremamente vasta. Os mais importantes economistas têm tratado a globalização como um fenómeno diverso do Sistema Capitalista e, por consequência, alheio às próprias regras e lógica do Sistema Capitalista.

Não trazemos para este trabalho uma análise detalhada dos textos e dos autores que têm escrito sobre a Globalização. No quadro de um discurso essencialmente ideológico tanto os "defensores como os opositores", apresentam argumentos para uma compreensão do processo de globalização ou elaboram profecias de fé relativamente às benfeitorias e às malfeitorias da globalização.

Mas na generalidade, a análise marxista está ausente do debate, como se uma vergonha se tivesse apoderado, mesmo daqueles que ainda há bem poucos anos se assumiam e refletiam sobre o mundo contemporâneo, tendo como referencial teórico a vasta obra de Marx e dos demais sociólogos, economistas e educadores, que juntaram à teoria Marxista novos e essenciais contributos.

Sem dúvida, pelo menos no nosso entender, o colapso da União Soviética e dos países de Leste mostrou os limites e insuficiências do sistema socioeconómlco decorrente da revolução de 1917 e também em simultâneo as transformações de algum modo idênticas na República Popular da China.

Em ambos os casos o modelo Capitalista de organização da economia está de volta, substituindo o anterior modelo Comunista. Que na URSS tenha sido o próprio aparelho de Estado a promover o assalto privado aos bens públicos, legitimando a apropriação das riquezas do País pelos membros do próprio partido Comunista e do KGB, ou o facto de a China enveredar pela disponibilização de milhões de camponeses para trabalhar nas fábricas pertencentes ao capital europeu, americano e japonês, não altera o facto nem contribui em nada para o esclarecimento das regras do Sistema Capitalista.

Também não contribui para este debate evocar a deterioração das condições de vida da maioria da população da ex-URSS, nem o acesso a salários de US$ 1 por dia de trabalho e o consequente crescimento do PIB chinês nos últimos anos. Em ambos os casos é preciso dar tempo para que se possa compreender o rumo que estes processos vão ter e as consequências que terão no próprio desenvolvimento destes países.

Neste contexto pode-se compreender a retração de muitos em utilizar o referencial marxista. Mas também, no nosso entender, tal atitude não tem qualquer sentido de existir, pois a ideologia capitalista não deixa de propor explicações mais ou menos elaboradas do mundo capitalista, apesar da maioria da população da generalidade dos países capitalistas viver no fundo da pobreza.

Quando Marx escreveu *O Capital* estava-se no meio do Século XIX e quando Lenine escreveu o seu estudo *O imperialismo, fase superior do capitalismo*, decorria o ano de 1916 e ainda não tinha acontecido nem a

Revolução de 1917, nem Lenine tinha dirigido os seus 7 anos de governo, dos quais 4 de Guerra Civil na recém criada URSS em 1922.

O que está aqui em questão é sabermos se o referencial teórico do marxismo e, em particular, o estudo referido de Lenine podem ou não ajudar a compreender a essência da chamada Globalização.

Para termos como referência da visão não marxista, o raciocínio que separa a Globalização do Capitalismo, utilizaremos um dos textos mais elaborados sobre o entendimento da Globalização como sendo um sistema económico sem vínculo ao capitalismo que é sem dúvida o livro de Joseph E. Stiglitz - Prémio Nobel da Economia em 2001 - "Tornar Eficaz a Globalização"[1]. Em momento algum este autor relaciona aquilo que expressa como globalização, com qualquer forma de organização decorrente de uma qualquer racionalidade económica Capitalista.

Tudo se passa como se a globalização fosse uma pilha de factos, acontecimentos, acasos, intenções, princípios morais cumpridos ou não cumpridos. Em momento algum se estabelecem relações entre cada um dos temas tratados, como se na verdade fossem independentes uns dos outros.

Referindo-se ao período de 1993 a 2000, período durante o qual foi presidente do Gabinete de Conselheiros Económicos do Presidente Bill Clinton e primeiro vice-presidente e economista principal do Banco Mundial, escreveu no Prefácio do referido livro: *"O mundo, nas melhores das circunstâncias, marcado pela competitividade, incerteza e instabilidade intensas, não é um lugar fácil, e os países em desenvolvimento nem sempre faziam quanto podiam para progredir no seu próprio bem-estar"*[2].

Ou seja, o Mundo não é um lugar fácil pela incerteza da incerteza, pela competitividade e pela instabilidade, mas mesmo assim poderia ser melhor se os países em desenvolvimento fizessem o que lhes competia para progredirem no seu bem-estar. Estas palavras logo no início do trabalho darão o tom de toda a argumentação que, em si, a globalização

---

1 Joseph E. Stiglitz, Tornar Eficaz a Globalização, Edições ASA, Lisboa, 2007.
2 Tornar Eficaz a Globalização, Joseph E. Stiglitz, Edições ASA, Lisboa 2007, p. 7.

tendo aspetos negativos, poderia deixar de os ter. Na verdade, se não existe racionalidade própria do sistema é possível pensar que se pode arrancar ou alterar algumas das suas partes sem que isso afete as outras partes. Pode-se combater a pobreza no planeta, que tanto aflige Stiglitz, sem ter que alterar a relação entre o Capital e Trabalho ou aproveitar e manter a mão-de-obra barata dos países em desenvolvimento, e ao mesmo tempo aumentar os salários desses mesmos trabalhadores, mantendo as mesmas oportunidades de negócio (!!!).

O que é extraordinário é a possibilidade de fazer um balanço claro sobre o empobrecimento do planeta em geral e do alargamento do fosso entre os detentores do Capital (palavra sempre evitada) e os detentores da Força de trabalho. Aliás, em momento algum é dada alguma importância à relação entre Capital e Trabalho. Um sistema económico se existe, é o "Sistema de Mercado" que em momento algum é explicitado nem o que é, nem onde vai, nem a sua racionalidade.

O bem fundado da globalização está assente nas transformações decorridas nos últimos anos na China e na Índia onde, para o autor se assistiu a um redução enorme da pobreza. Em ambos os casos evidentemente a base destas mudanças está no facto de a mão-de-obra ser barata e submissa, comparativamente à dos países ocidentais. Ou seja, trata-se de uma situação onde a atual divisão internacional do trabalho, durará enquanto os pressupostos se mantiverem, partindo do princípio que, de alguma forma, a mão-de-obra continuará barata.

Poderia ser melhor a Globalização se com o fim da Guerra Fria se tivessem aberto novas oportunidades. Se *os EUA tivessem aproveitado a oportunidade para ajudar a construir um sistema económico e político internacional, baseado em valores e princípios, tal como se se tratasse de um acordo de comércio concebido para promover o desenvolvimento nos países pobres.*[3] Mais uma vez tudo se passa como se a Globalização não tivesse regras basilares assentes na desigualdade e na acumulação, e pudesse transformar-se num sistema de princípios e valores para servir

_____
3 Idem p. 10.

a solidariedade entre os povos. O projeto do livro *"reflete a minha fé nos processos democráticos; a minha convicção que uma cidadania informada tem mais possibilidades de exercer algum controlo contra os abusos dos interesses empresariais e financeiros especiais que têm vindo a dominar o processo de globalização; de que os cidadãos comuns, tanto nos países industrialmente avançados como do mundo em desenvolvimento, partilham um mesmo interesse em fazer com que a globalizaçao funcione"*.[4]

Ou seja, com base num sistema político democrático, (quem seria contra?) a globalização poderá funcionar no interesse do bem geral, desde que igualmente nos países ricos e nos países pobres, um maior nível de Informação possa exercer um controlo (não muito, bastaria apenas *algum*) contra os abusos dos Interesses empresariais e financeiros especiais (???) que afinal são eles que dominam o processo de globalização, Evidentemente fica por explicar a partir de onde os interesses empresariais deixam de ser admissíveis para serem considerados como *abusos* e como na verdade, sendo dominantes, deixariam de o ser.

Ficará ao longo de todo o livro a esperança não concretizada que *"também espero demonstrar que, enquanto as criticas à globalização estão corretas quando dizem que tem sido utilizada para levar a cabo um conjunto especifico de valores, não tem de ser assim. A globalização não tem de ser má para o ambiente, nem de aumentar a desigualdade, nem de enfraquecer a diversidade cultural, nem de promover os interesses empresariais à custa do bem-estar dos cidadãos comuns"*[5]. Ou seja, tentará demonstrar que uma globalização imaginária poderá ser uma globalização alheia à lógica do Capital, apesar de assentar na sobre-exploração dos recursos naturais, crescer à custa exatamente da desigualdade e da exploração da mão-de-obra e da acumulação, que estandardiza a diversidade cultural na alienação do consumo e que, exatamente, se constitui na promoção dos interesses do Capital (modestamente tratados de interesses empresariais)

---

4 Idem p. 12.
5 Idem p. 14.

por cima do bem-estar dos cidadãos (que não direitos humanos....), não todos, mas apenas os comuns.

Como diz mais adiante *"podemos trazer a ética de volta aos negócios"[6]*. Ou seja, podemos pedir ao Capital e aos capitalistas que deixem de atuar na racionalidade do Capital e passem a atuar na lógica dos direitos humanos!!!.

Estamos pois em presença de um raciocínio que procura justificar a globalização que conhecemos com base em afirmações que ninguém pode sensatamente sustentar.

"Creio que a globalização tem a potencialidade de trazer um enorme benefício, tanto o quem vive no mundo desenvolvido como o quem vive no mundo em desenvolvimento. Mas a prova incontestável é que não conseguiu corresponder a esta potencialidade. Este livro mostrará que o problema não tem a ver com a globalização em si mesma, mas sim com o modo como a globalização tem sido gerida. A economia tem vindo a conduzir a globalização, especialmente através da descida dos custos de comunicação e transporte. Mas a política é que a tem moldado. As regras do jogo têm sido, na sua maioria, impostas pelos países industrialmente avançados - muito particularmente, por interesses especiais no seio desses países - que, sem surpresa para ninguém, moldaram a globalização, de modo a promoverem os seus interesses"[7].

A globalização atual não é boa, assume o autor, mas isso deve-se à forma como é gerida, separando assim a globalização do seu próprio funcionamento como se a globalização não fosse, com a sua forma de funcionamento, as duas faces da mesma folha de papel. Uma espécie de corpo e de alma em desacordo. Mais ainda, a globalização já não é a forma geral da economia atual mas a economia é assumida como uma categoria independente que conduz a globalização através da descida dos custos de comunicação e transporte. No entanto, é a política que dá forma à globalização através das regras do jogo impostas por interesses especiais

---

6 Idem p. 17.
7 Idem p. 28.

nos países industrializados, naturalmente ditadas pelos seus próprios interesses. A economia atua determinada pelo custo dos transportes e comunicações e a política por seu lado (será a ação dos governos?) dita as regras.

Em todo este raciocínio, tudo é feito para desconectar a globalização do sistema económico dominante - o Capitalismo - da forma e das consequências do seu próprio funcionamento. Nada resulta das regras de funcionamento do sistema Capitalista. Nada resulta da relação entre o Capital e trabalho. Nada resulta do domínio do capital financeiro. Nada resulta da exploração e da especulação financeira. A globalização é outra coisa que não necessita de ser compreendida nem analisada. É um conjunto de acontecimentos desligados entre si.

Mais ainda, quando a pobreza se torna insustentável então propõe que sejam consideradas duas categorias de países. Os países bem-sucedidos que fazem parte da economia global e países pobres que estão fora da economia global. Apoiando-se num relatório da OIT no qual colaborou em 2004, referindo-se às populações que não têm beneficiado com a Globalização cita: *Muitos deles vivem no limbo da economia informal, sem direitos formais e numa bolsa de países pobres que subsiste precariamente à margem da economia global*[8]. Tudo se passa como se no planeta coexistissem dois mundos: um dentro da economia global e outro fora da economia global. É impensável compreender que o mundo está na sua totalidade dominado pela economia Capitalista e que tanto são Capitalistas os países industrializados, como são Capitalistas os mais pobres do planeta. Em todos eles os princípios que regem a economia são os mesmos.

Em todos eles encontramos uma parte da população detentora do Capital e outra parte detentora apenas da sua força de trabalho. Em todos eles encontramos os mesmos bancos internacionais e as suas delegações, em todos eles encontramos as representações das grandes

---

8 Idem p. 33 citado a partir de World Commission on Social Dimension of Globalization, A Fair Globalalization: Creating Opportunities for All, Genebra, OIT, 2004. http://www.ilo.org/fairglobalization/lang--en/index.htm

empresas internacionais, as mesmas fugas de Capital para os "bancos da Suíça". Em todos eles encontramos os funcionários locais e estrangeiros dos organismos internacionais, que vivem com salários europeus e os que apanham no lixo dos subúrbios das cidades os alimentos de cada dia. Em todos eles encontramos os passageiros de classe executiva a entrar e a sair pelos aeroportos a caminho de Paris, Londres ou Nova Iorque. Falar de *países que subsistem à margem da economia global* é uma necessidade teórica que sustenta o raciocínio do autor para separar o Capitalismo da Globalização, mas que está longe de ser demonstrada.

E no entanto estamos na presença de um economista altamente informado, mais do que isso, um ator das próprias instâncias que estão no centro da globalização, conhecedor por dentro de todos os mecanismos que condicionam o estado do Mundo.

Em duas páginas deste seu livro confirma este conhecimento mas ao recusar trocar a palavra Globalização por Capitalismo, impede objetivamente uma leitura crítica do estado do mundo e a consequente busca de soluções assentes na realidade e não num conjunto de palavras bem-intencionadas, mas que não permitem fundamentar a compreensão do presente e a perspetivação do futuro.

Em resumo, a globalização (o capitalismo] pode ter ajudado alguns países (...) mas não ajudou a maior parte das pessoas, mesmo nesses países.

A apreensão era que a globalização [o capitalismo] pode estar o criar países ricos com populações pobres.

Claro que aqueles que estão descontentes com a globalização económica, [o capitalismo] geralmente, não objetam quanto ao maior acesso a mercados globais ou à disseminação do conhecimento global, que permitem ao mundo em desenvolvimento retirar benefícios das descobertas e das inovações que vão acontecendo nos países desenvolvidos. Mas, em contrapartida, levantam cinco questões:

• *As regras do jogo que gere a globalização [o capitalismo] são injustas, especificamente concebidas para beneficiar países industrialmente avançados. De facto, algumas mudanças recentes são tão injustas que fizeram com que alguns dos países mais pobres piorassem realmente.*

• A globalização [o capitalismo] promove os valores materiais acima de outros valores, como a preocupação com o ambiente ou com a própria vida.

• A maneira como a globalização [o capitalismo] tem sido gerida tem retirado uma boa parte da soberania aos países em desenvolvimento, e da sua capacidade de tomarem decisões em áreas fundamentais que afetam o bem-estar dos seus cidadãos. Neste sentido, tem minado a democracia.

• Enquanto os defensores da globalização [do capitalismo) têm vindo a argumentar que toda a gente beneficiará economicamente, há provas abundantes, tanto nos países desenvolvidos como nos países em desenvolvimento, de que haverá muitos prejudicados em ambos.

• Talvez o ponto mais importante: o sistema económico que tem sido imposto aos países em desenvolvimento [o capitalismo] - em certos casos que lhes é, literalmente, imposto à força - é inadequado e muitas vezes grosseiramente prejudicial. A globalização [o capitalismo] não deveria significar a americanização nem da política económica nem da cultural, mas frequentemente é o que sucede - e isto tem provocado ressentimento.[9]

Nestes termos, o autor poderia tirar outras conclusões a partir das quais poderia construir um outro discurso não de vãs e bem-intencionadas palavras, mas esclarecedor do sistema económico que dá forma ao Mundo. Assim, tornar-se-ia passível de reflexão crítica o sistema Capitalista que:

- Cria países ricos com populações pobres;
- Tem regras concebidas para beneficiar os ricos;
- Tem regras que fazem os mais pobres serem ainda mais pobres;
- Promove os valores materiais e não promove a preocupação com o ambiente ou com a própria vida;

---

9 Idem p. 33 e 34.

- Retira uma boa parte da soberania aos países em desenvolvimento;
- Nem toda a gente beneficia do sistema;
- Tem sido imposto aos países e em certos casos é, literalmente, imposto à força;
- Não deveria significar a americanização nem da política económica, nem da cultural, mas frequentemente é o que sucede.

Formulado assim o estado do Mundo, mais do que um discurso panfletário e por isso inconclusivo, é na verdade uma fuga permanente à crítica do Sistema Capitalista e como tal incapaz de equacionar os problemas do desenvolvimento e da pobreza na sua real dimensão. Importa pois reconhecer neste texto um discurso que confunde, mais do que ajuda a encontrar novos caminhos como pretende o autor. Entendesse o autor que estava a falar do sistema Capitalista com os mesmos fundamentos que Marx esclareceu e ainda não demonstrados como errados, ou na perspetiva com que Lenine escreveu o *Imperialismo fase superior do Capitalismo*, que as conclusões poderiam ser efetivamente mais úteis para o destino da Humanidade.

Em última análise era isso que se poderia esperar de um Prémio Nobel mas que em vão esperamos ouvir de um conselheiro económico do presidente dos EUA ou do economista principal do Banco Mundial.

A separação do Estado do Capital tão invocada pelo neoliberalismo esconde de facto o lugar essencial que o Estado tem ocupado no desenvolvimento do próprio capitalismo: a conquista e divisão do planeta, o controlo militar e policial dos trabalhadores, em contexto colonial e neo-colonial, tanto nos países capitalistas ricos como nos países capitalistas miseráveis, as guerras do petróleo, do cobre e dos diamantes, o fomento das infraestruturas de transporte, de comunicação e de investigação científica civil e militar ou até diretamente na cobertura dos desaires da especulação financeira como durante a última crise de 2008. Tal empresa de mistificação tem calado o conhecimento e compreensão do mundo em que vivemos não só pela mordaça e pelo analfabetismo real e sobretudo funcional, mantido pelos meios de comunicação social que apenas existem em função da sua fidelidade ao discurso dominante e dependentes de fundos e de publicidade paga, exatamente pelas empresas capitalistas. Neste sentido não é de estranhar que a verdadeira tragédia dos pobres seja a pobreza das suas aspirações como pretendia Adam Smith. Pensamos nas multinacionais da imprensa escrita, da rádio e, com realce, do cinema e televisão e naturalmente nas agências noticiosas pequenas ou mundiais que falam apenas numa linguagem rudimentar do Neo-liberalismo. Quanto à educação, em todos os níveis de ensino o silêncio é dominante, ou se existe informação, ela está perfeitamente conforme ao discurso dominante identificado com a ideologia neoliberal mais ou menos envergonhada. Esta ideologia é certamente a mesma que Calmon de Passos denominou por ideologia tecnocrática e expressou de forma simples e clara:

"A ideologia tecnocrática, que é a de nossos tempos, compartilha com as demais ideologias a característica de tentar impedir a problematização do poder existente, mas se distingue radical- mente de todas as ideologias do passado, porque ela é a única que busca esse resultado, não mediante a legitimação das normas, mas através de sua supressão. O poder não é legítimo por obedecer a normas legítimas, como se pensava antes, sim por obedecer a regras técnicas, das quais não se exige que sejam justas, sim que sejam eficazes. Sendo eficazes, são legítimas, pelo que os fundamentos do poder prescindem de ser tematizados. O poder é legítimo não porque repouse sobre uma normatividade legítima e sim por assentar em regras técnicas que lhe asseguram a eficácia, donde inexistir, a rigor, o que legitimar. A lógica das coisas sendo o que é, não pode ser alterada por decisões políticas.

(...)

Nenhuma ideologia se consolida se não criar os seus mitos, véus que interpõe entre a realidade da dominação que procura ocultar e ao mesmo tempo funcionam como a tela em que projeta suas falsas representações. A ideologia da globalização não poderia prescindir de seus mitos, utilizando-os para encobrir o que realmente está acontecendo. (...) São eles a economia de mercado mundializada, apontando para uma prosperidade geral e crescente, a par da progressiva consolidação e generalização da democracia, com o consectário da tutela da dignidade humana e de seus desdobramentos."[10]

Modestamente, em 1916, Lenine lançou-se na reflexão sobre o estado do Capitalismo na mudança do século procurando, essencialmente com base nos economistas (geralmente não marxistas) da época, compreender as grandes linhas que estruturavam a economia na Europa, na América e na Rússia e a sua relação com o mundo.

Esta obra de Lenine considera assim, desde o início do livro, dois processos já na época reconhecidos e demonstrados: a concentração da indústria e a concentração dos bancos.

Com base nestes dois processos, Lenine põe em evidência o aparecimento do capital financeiro, explicando a impossibilidade da democratização do Capital e explicando a razão por que se exportam capitais. Sobre a questão das exportações de bens e de capitais, Lenine esclarece o facto das grandes potências económicas partilharem o Mundo sob forma de domínios coloniais e de como a colonização é essencial ao controle das matérias-primas e das suas respetivas reservas conhecidas, ou a descobrir, para a colocação desse mesmo capital financeiro.

Enfim, neste quadro de relações de força entre países colonizadores e espaços colonizados, Lenine esclarece o aparecimento dos "Estados Usurários e Estados Devedores" e de como a população dos países colonizadores beneficiam em última instância da relação colonial.

Ilustraremos com extratos do texto de Lenine a forma como todos estes pontos são apresentados, citando amplamente o seu conteúdo naquilo que melhor explica o seu pensamento. Ao mesmo tempo, iremos procurar a expressão contemporânea dos factos analisados, utilizando para tal e no essencial, a documentação e os relatórios produzidos por diferentes organizações, sem qualquer vínculo ao pensamento marxista,

---

10 PASSOS, J. J. Calmon de. "O Futuro do Estado e do Direito do Estado. Democracia, Globalização e o Nacionalismo. Revista Eletrónica sobre a Reforma do Estado", Salvador, Instituto de Direito Publico da Bahia, n.º 2, Junho/Julho, Agosto, 2005. http://www.direitodoestado.com.br.

mesmo quando não-alinhadas com o pensamento económico/político dominante.

Não que isso seja por si uma garantia de objetividade, mas simplesmente pelo facto de ser nas grandes instituições que informam sobre o estado do mundo, que podemos recolher dados consistentes e não obrigatoriamente adulterados, fruto de uma visão maquiavélica que não é nossa. Falamos naturalmente do Banco Mundial, dos diferentes organismos da ONU e das organizações patronais, bancárias e financeiras, nacionais e internacionais.

Anexo 2

A Globalização Societal Contemporânea
e o Espaço Lusófono*

O Espaço Lusófono: Mitideologias, Realidades e Potencialidades

Enterrar as **mitologias**, enfrentar as **realidades** e analisar as **potencialidades** do Espaço Lusôfono contemporâneo em todos os seus parâmetros (geográficos, culturais, económicos, políticos) na perspectiva interdisciplinar das Ciências Sociais, tais são os objectivos da **IV Semana Sociológica**, a realizar no âmbito da Universidade Lusófona de Humanidades e Tecnologias, cuja razão de ser é, precisamente, contribuir para que a Lusofonia passe de mero mito ou retórica vã a um Espaço Lusófono realista, que igualitariamente colabore no diálogo humano com todos os outros Espaços do mundo actual, desígnio lusófono não ultrapassado, mas, ao contrário, tornado mais urgente, pelo processo em curso da integração europeia de Portugal.

A IV Semana Sociológica, pretende fazer sua a glosa da célebre tese: até agora, os oradores já fizeram todos os discursos possíveis sobre o Espaço Lusófono; o que interessa, porém, é transformá-lo!

---

* Em: Fernando Santos Neves, A Globalização Societal Contemporânea - Mitideologias, Realidades e Potencialidades, Edições Universitárias Lusófonas, 2000, pag. 5-ss.

A Globalização Societal Contemporânea, a Regionalização e a Lusofonia: os factos e os desafios.

O Fenómeno da Globalização Contemporânea, em todos os seus aspectos e apesar de todos os mal entendidos e óbvios perigos de novos fundamentalismos mercantilistas, novos arqueoultraliberalismos, novos imperialismos, novos pensamentos únicos, novos fins da história, etc., constitui, por um lado, um facto incontornável e, por outro lado, está longe de ter de ser necessariamente um grande mal ou até um mal menor. Culturalmente, economicamente, politicamente, etceteralmente..., todo o mundo se tornou uma aldeia global, o que não pode senão reforçar a ideia de unidade e internacionalidade do género humano e longe de levar, de persi, à massificação despersonalizante, pode e deve, ao contrário, ajudar à realização mais completa de cada um dos diversos povos e indivíduos. **Não seria possível conjugar globalização com localização, através da glocalização?**

Será que este fenómeno da **Globalização Societal** poderia constituir uma nova chance para novas realizações históricas do ideal da Revolução Francesa, consubstanciado na tríade "**Liberdade, Igualdade, Fraternidade**", na proclamação universal dos Direitos Humanos e nos paradigmas do **Iluminismo** e da **Modernidade** bem como do ideal das sociedades contemporâneas simbolizado no modelo "europeu" da nova tríade "**Democracia, Desenvolvimento, Solidariedade**", última concretização do sartriano "horizonte inultrapassável da nossa época" e da "revolução do século XXI"?

O termo e conceito de "Glocalização" (Globalização + Localização), muito para além do seu alcance estritamente gestionário, parece traduzir todas estas inspirações, aspirações, problemas e desafios, que também são os subjacentes às de uma "**Regionalização**" e de uma "**Lusofonia**" que pretendem rimar com a "**Europa**" e com o "**Ecumenismo**", em vistas da superação definitiva dos ancestrais provincianismos da Sociedade Portuguesa, resultantes dos seus atrasos anti-modernos e das suas alienações anti-identitária.

Anexo 3

QUO VADIS, LUSOFONIA? 11 Teses pragmáticas mínimas sobre a CPLP/Comunidade Lusófona[*]

1

Mudar a denominação **"CPLP - Comunidade dos Países de Língua Portuguesa"** para a denominação **"Comunidade Lusófona"**, a qual, evidentemente, remete para mas vai além da essencial questão da "Língua Portuguesa" como, também evidentemente, remete para mas pode e deve ir além dos Países-Estados independentes e estar aberta a Povos e Diásporas como a Galiza (no âmbito do Noroeste Peninsular com o Norte de Portugal) e Goa e Macau e Sacramento e Comunidades Emigrantes e Etc.

2

Acabar com a inclusão dos «**Negócios ou Relações Lusófonas**» nos Ministérios dos Negócios Estrangeiros ou das Relações Exteriores.

---

[*] Em: Fernando dos Santos Neves, A Hora da Lusofonia, Para uma Crítica da Razão Lusófona, Edições Universitárias Lusófonas, Lisboa, 2013, pp. 206-211.
Com a seguinte nota explicativa do autor:
Pressuposta a minha auto e hétero-reconhecidamente necessária "Declaração de interesses" lusófona, pois não é em vão que sobre mim recai a acusação (ou "felix culpa?") de até ser o responsável pela própria existência da palavra "Lusofonia" nos dicionários da Língua Portuguesa e remetendo para os meus textos publicados nas mais variadas formas (sintética e designadameote em: *Para Uma Crítica da Razão Lusófona: Onze Teses sobre a Lusofonia e o CPLP*, Edições Universitárias Lusófonas, 2000), limito-me, aqui e agora, por ocasião da abertura das instalações da nova sede da CPLP em Lisboa, a reproduzir últimos apelos eminentemente práticos, que intitulei **"QUO VADIS, LUSOFONIA? Onze teses pragmáticas mínimas sobre a CPLP/COMUNIDADE LUSÓFONA"**. Com os melhores votos de uma também nova CPLP, para todos os Países e Povos do Mundo (Fernando dos Santos Neves).

Ou será que os «Lusófonos» continuam, de facto, a não passar de simples «Estrangeiros» ou de simples «Exteriores», nos Países e Povos da CPLP/ Comunidade Lusófona?

E, no caso dos Portugueses, por exemplo, quando se sentirão e serão tão "Lusófonos" como "Europeus" e sobretudo "Lusófonos enquanto Europeus" e "Europeus enquanto Lusófonos"? Quando se fazem tantos discursos sobre o(s) futuros(s) de Portugal e quando tão patetas vozes de uma União Europeia à deriva nem sequer se coíbem de indicar ou vetar esses futuros, talvez não fosse inútil relembrar que continua a ser verdade que, também para Portugal, "nada existe de mais prático do que uma boa teoria" político-estratégica!

3

Declarar inaceitável a ainda não existência de um comum **"Passaporte Lusófono"** e de uma comum **"Cidadania Lusófona"**, sem os quais não pode haver CPLP ou Comunidade Lusófona ou Lusofonia dignas desses nomes. Quando é que os cidadãos lusófonos farão suas as palavras de Cícero contra Catilina e dirão: *"Quousque tandem...* **Até quando continuarão todos esses Estados e Governos e suas burocracias a abusar da nossa paciência lusófona?"**

A simples obrigatoriedade de vistos para as deslocações entre os Países Lusófonos marca o ano zero da presente C.P.L.P. e o ano abaixo de zero da futura "Comunidade Lusófona".

4

Avançar para a criação de um **Parlamento Lusófono**, símbolo maior das democracias modernas, de um **Banco Lusófono**, que volte a fazer da verdadeira economia política a base real das sociedades, de umas **Forças Armadas** que assegurem a existência de uma democrática e desenvolvimentista **"Pax Lusophona"**, etc. E para quando o aparecimento (de que a tão badalada privatização da TAP poderia fornecer ótima oportunidade) de uma grande **"Companhia Aérea Lusófona"**?

5

Tornar a entrada do Brasil para membro permanente do Conselho de Segurança da ONU um objetivo prioritário, o que, além de "digno e justo" no âmbito da reconfiguração da Nova Ordem Internacional, seria também mais que "racional e salutar" do ponto de vista da afirmação da Lusofonia e da Comunidade Lusófona, sendo o caso do Brasil cada vez mais paradigmático, na medida em que terá de saber associar o seu emergente papel de grande potência local e global (no "Mercosul", nos "BRICS", na "ONU", etc.) ao seu insubstituível papel de motor da Lusofonia!

6

Tomar definitivamente a sério a questão da Língua Portuguesa e não permitir, sob nenhum pretexto, que uma das pouquíssimas línguas potencialmente universais do século XXI seja tantas vezes internacionalmente reduzida ao lugar e papel de uma língua quase insignificante. Quando é que os Países e Povos Lusófonos darão o sentido que interessa às palavras de Fernando Pessoa: *«Minha Pátria é a Língua Portuguesa»*?

Eu mesmo pretendo chamar mais fortemente a atenção para que a Lusofonia não deixe de ter como referência primordial a Língua Portuguesa, sem prejuízo de todas as indispensáveis e essenciais implicações-explicitações geoestratégicas e económico-politicas.

7

Acabar, também definitivamente, com essa tragicomédia (representada, sobretudo, por Portugal e seus últimos abencerragens de velhas mentalidades colonialistas e de causas perdidas) da falta de cumprimento do novo **"Novo Acordo Ortográfico da Língua Portuguesa"**, que lamentavelmente não será, como de facto não é, tecnicamente perfeitíssimo, mas é uma exigência geopolítica do novo século em que o Brasil surge como uma das grandes potências emergentes e precisa de uma Língua Portuguesa unificada. Será assim tão difícil de entender, senhores Lusos e Lusíadas doutras eras?

8

Implementar o "Espaço Lusófono de Ensino Superior (ELES)", à imagem e inspiração do Bolonhês "Espaço Europeu do Ensino Superior (EEES)" e pelas razões que exprimi a quando do meu "Apelo", em Luanda 2002, no "Encontro das Universidades de Língua Portuguesa", que viria a ser designado como a **"Declaração de Luanda"** e esteve na génese da completamente esquecida "Declaração de Fortaleza dos Ministros da CPLP", razões que nunca será de mais relembrar: «*A lusofonia real passa necessariamente e até primordialmente por aí ou não fosse a "educação de excelência para todos" o princípio e o motor insubstituíveis do desenvolvimento humano e não fosse a norma da "educação universal, obrigatória e gratuita" o programa mais revolucionário de toda a história moderna e válido para toda a Humanidade e não só para o mundo ocidental*».

No mesmo sentido e pelas mesmas razões, para quando a criação efetiva de um **"Conselho de Reitores das Universidades Lusófonas"** (todas, sejam estatais ou particulares, sejam portuguesas, brasileiras, angolanas, moçambicanas, cabo-verdianas, guienenses, são-tomenses, timorenses, galegas e quaisquer outras, desde que "lusófonas")?

9

Na linha do pequeno ensaio sobre as "Feiras do Livro de Lisboa e Porto" que intitulei: *"As velhas feiras do livro português estão mortas, vivam as feiras do livro lusófono!"* (Jornal "Público", 10 de Junho 2006), promover, efetivamente, o intercâmbio editorial e livreiro lusófono, para se acabar com a escandalosa situação presente em matéria de todo o género de publicações.

No campo da cultura física, instituir o **"Comité Desportivo/ Esportivo da Comunidade Lusófona"** encarregado de dinamizar e organizar, com a grandeza e dignidade devidas, os **"Jogos da Lusofonia"** e tudo o mais que releve da atividade desportiva/esportiva dos Países e Povos Lusófonos. Juntamente com a leitura e todos os media (ou toda a mídia), o Desporto/Esporte poderia tornar-se uma das vias mais eficazes para o crescimento e florescimento da Lusofonia.

10

Criar, para ser convenientemente celebrado em todos os Países e Povos Lusófonos, o **"Dia da Lusofonia ou da Comunidade Lusófona"**, que, da maneira menos polémica, poderia ser o dia da data da criação oficial da CPLP (17 de Julho) e em que seria anualmente atribuído o **"Prémio da Lusofonia"** a Personalidades ou instituições que se hajam notabilizado, em qualquer dos aspetos da atividade humana, na expressão e construção da **Lusofonia**, entendida como **Comunidade Lusófona** e incluindo todas as diásporas lusófonas, (usótopas e lusófilas espalhadas pelas «sete partidas do mundo».

E seria de toda a justiça atribuir, desde já e a título póstumo, o "1º Prémio da Lusofonia Honoris Causa", conjuntamente e por diferentes mas óbvias razões, ao Embaixador José Aparecido de Oliveira, aos ativistas e teóricos-políticos Amílcar Cabral, Agostinho Neto, Samora Machel e Xanana Gusmão, ao dinâmico criador da UCCLA Engenheiro Nuno Abecassis e ao mais que todos Lusófono e Ecuménico Professor Agostinho da Silva.

11

A CPLP teve o grande mérito de ter começado a institucionalizar a união dos Países e Povos de Língua Portuguesa; o que verdadeiramente importa agora, numa consciente alusão à famosa 11ª tese de Marx contra Feuerbach: *"Até aqui os filósofos contentaram-se em interpretar o mundo de diversas maneiras, mas o que interessa é transformá-lo!"*, é a efetiva realização daquela que, desde há décadas, venho progressivamente tentando demonstrar como válida **"TESE GERAL SOBRE A LUSOFONIA, ECUMÉNICA E PÓS-COLONIAL":**

«Mais que projeto ou questão cultural, a Lusofonia é um primordial projeto ou questão de Língua Portuguesa e de comum espaço geoestratégico e económico-político próprio e autónomo no globalizado mundo contemporâneo. E nesta "Hora da Lusofonia", e em tempos de "globalização", a CPLP ou Comunidade Lusófona até poderia tornar-se num paradigmático exemplo de uma grande e bem-sucedida "Glocalização Ecuménica e Pós-Colonial".